Anonymus

Feldkochbuch für die warmen Länder

EHV
HISTORY

Anonymus

Feldkochbuch für die warmen Länder

ISBN/EAN: 9783955640934

Auflage: 1

Erscheinungsjahr: 2013

Erscheinungsort: Bremen, Deutschland

@ *EHV-History in Access Verlag GmbH, Fahrenheitstr. 1, 28359 Bremen. Alle Rechte beim Verlag und bei den jeweiligen Lizenzgebern.*

Feldkochbuch
für
warme Länder

zum ständigen Gebrauch bei der Feldküche
zugleich zur Unterrichtung
der Kommandeure, Einheitsführer und Sanitätsoffiziere

vom 30. 6. 1942

Inhaltsübersicht

Seite

Die allgemeinen Kochverhältnisse in warmen Ländern

    Leitsätze für die Ernährung in warmen Ländern 9

1. Schutz gegen klimatische Einflüsse
   - Schutz der Feldküche 11
   - Vorratsraum 11
   - Lagerung der Lebensmittel 12

2. Behelfsmäßige Kocheinrichtungen und -geräte
   - Feuerstellen 13
   - Kochgeräte 15
   - Braten am Spieß 17
   - Garmachen auf heißen Steinen . . 18
   - Dünsten in glühender Asche . . . 18
   - Behelfsmäßige Maße 18

3. Wasser
   - Entkeimung 19
   - Reinigung 20

4. Die Entnahme von Lebensmitteln aus dem Lande
   - Schlachttiere 20
   - Fische, Schalen- und Krustentiere . 21
   - Gemüse und Obst 21

	Seite
Über die Zubereitung im allgemeinen	22
1. Das Kochen in kleinen Gruppen	
2. Vorbereitung der Lebensmittel	
Frischfleisch	24
Wild	26
Geflügel	26
Fische	27
Schalen- und Krustentiere	28
Frische Gemüse	28
Hülsenfrüchte, getrocknete Gemüse und getrocknete Kartoffeln	28
3. Garzeiten der Lebensmittel	
Fleisch	29
Andere Lebensmittel	30
4. Würzen der Speisen	31
Zubereitung einzelner Lebensmittel	32
1. Fleisch- und Fischgerichte	
Gekochtes Fleisch	32
Schmorbraten	33
Gebratene Fleischscheiben	33
Gulasch aus Frisch- oder Konservenfleisch	34
Klopse aus Frisch- oder Konservenfleisch	35
Innereien	36
Geflügel	37
Fische	37
Schalen- und Krustentiere	38

                                                                Seite
2. Andere Gerichte
   Reis
      Grundzubereitung 38
      Risotto 38
         Risotto mit Tomaten
         Risotto mit grünen Erbsen
      Pilaff 39
      Reisfrikandellen 39
      Milchreis 40
      Tomatenreis mit Konservenfleisch . . 40
   Teigwaren
      Grundzubereitung 41
      Makkaroni mit Schinken 41
      Teigwaren als Beilage zu Fleischgerichten 42
      Nudeln mit Frischfleisch und Gemüse . . 42
   Graupen
      Als Beilage zu Fleischgerichten 42
      Graupen mit Gewürzgurken 42
         Tomatengraupen
         Zwiebelgraupen
      Süße Graupen 43
   Grieß und Grütze
      Polenta 43
      Buchweizengrütze 43
   Getrocknete Gemüse
      Grundzubereitung 44
      Getrocknete Gemüse als Beilage zu
         Fleischgerichten 44

	Seite

Getrocknete Kartoffeln
- Grundzubereitung 45
- Tunkenkartoffeln 45
- Kartoffelbrei 45
- Bratkartoffeln 45
- Kartoffelsalat 45
- Getrocknete Kartoffeln mit Dauerfleisch und Gewürzgurken 46

Eier
- Rührei 46
- Verlorene Eier 47

Hülsenfrüchte
- Hülsenfruchtbrei als Beilage zu Fleisch . 48
- Erbsen mit Fleisch und Paprikaschoten . 48
- Weiße Bohnen mit Dauerfleisch und Tomaten 48
- Linsen, süßsauer 49

Wehrmachtsuppenkonserven. 49

3. **Süße Speisen**
   - Verwendung von kondensierter Milch . 50
   - Vanillepudding 50
   - Reisspeise 51
   - Kuchen aus Reis und Mehl 51
   - Pfannkuchen aus Maisgrieß, Buchweizen- oder Hafergrütze 52
   - Kaltschale
     - aus Puddingpulver 52
     - aus Obst 52
     - aus Marmelade, Fruchtsaft oder Fruchtpulver 53

Seite

4. **Verbesserung der kalten Kost**

   Fleisch- und Wurstkonserven

      Brotaufstrich 53
      Fleischsalat 54
      Kalter Fleischklops 54
      Anbraten der Konserven mit Zwiebeln oder Tomaten 55
   Ölsardinensalat 55
   „Ölsoldaten" 55
   Ölsardinen wie Bratheringe 55
   Thunfisch 55
   Hartkäse 56
   Schmelzkäse 56
   Käsepulver 56
   Brotaufstrich aus Bratlingspulver . . . 57
   Brotsuppe 57
   Geröstete Brotscheiben 58

5. **Getränke**

   Kaffee, Tee, Kakao 59
   Getränke aus Wein 59

6. **Backen von Brot**

   Brot mit Sauerteig 60
   Brot mit Backpulver 62

7. **Krankenkost**

   Suppen 63
   Breie 65

Seite

Die besonderen Kochverhältnisse in den einzelnen Gebieten 67
  I. N o r d a f r i k a (Libyen und ähnliche Gebiete) 69
    1. Fleisch
      H a u s t i e r e 70
        Hammelragout 71
        Hammelbraten wie Wild 71
      W i l d 72
    2. Frischobst und Frischgemüse
      Bananen 73
      Bataten 74
      Eierfrüchte 74
      Erdnüsse 75
      Fenchel 76
      Kürbis 76
      Maiskolben 77
      Palmkohl 78
      Paprikaschoten 78
      Stengel- oder Blattkohl 79
      Tomaten 80
      Weißkohl 81
      Zwergkürbisse 81
      Frische Kartoffeln 82
      Kohl mit Fleisch und Paprikaschoten . . 82
      Gemüsekonserven mit Huhn 83

  Anlagen
    1. Deutsch-italienisches Wörterverzeichnis zum Gebrauch für den Koch 93
    2. Bildtafel über eßbare Pflanzen und Früchte Nordafrikas 95

Oberkommando der Wehrmacht   Berlin, den 30. 6. 1942
  VA/Ag VIII/B

Die Lebens- und Umweltverhältnisse in warmen Ländern zwingen auch den Feldkoch zu einer Umstellung gegenüber heimischen Gewohnheiten. Hitze, Staub, Sandstürme, Fliegen und oft auch brackiges Wasser erschweren ihm die Arbeit. Die verminderte Funktion der Verdauungsorgane und die Einschränkung des Appetits verlangen eine abwechslungsreiche Gestaltung des Speisenzettels. Die Eintöpfe müssen zurücktreten und statt dessen getrennte Gerichte unter recht vielseitiger Anwendung des Bratens und Röstens hergestellt werden. Fremdartige Lebensmittel, die dem Koch bisher nicht bekannt waren, sollen zur Ernährung herangezogen und schmackhaft zubereitet werden.

Zur Erfüllung dieser Aufgaben, als Anleitung für den Feldkoch in warmen Ländern und als Lehrbuch für die Ausbildung dieser Feldköche wird das vorliegende Feldkochbuch genehmigt. Es dient außerdem der Unterrichtung der Kommandeure, Einheitsführer und Sanitätsoffiziere und als Anleitung für kleine Kochgruppen.

Das „Feldkochbuch für behelfsmäßiges Kochen und Backen in den Kolonien" tritt damit außer Kraft.

Im Auftrage
O s t e r k a m p.

Die allgemeinen Kochverhältnisse in warmen Ländern

Leitsätze für die Ernährung in warmen Ländern

Unzweckmäßige Zubereitung der Nahrung führt besonders in warmen Ländern zu Störungen der Verdauungsorgane. Damit nicht Gesundheit und Leistungsfähigkeit der Truppe leiden, muß der Feldkoch folgende Regeln beachten:

1. Die Feldküche und ihr Personal müssen sich in der Einheit durch größte Sauberkeit hervorheben. Vor allem müssen Personal und Hilfskräfte ihren Körper, insbesondere die Hände, stets peinlich sauber halten. Vor jeder Küchenarbeit, nach dem Stuhlgang, Hände waschen!

2. An der Feldküche darf nur entkeimtes Wasser verwendet werden (Beratung und Aufsicht durch den Truppenarzt).

3. Alle Lebensmittel sind bei der Hitze schnellem Verderben ausgesetzt. Sie müssen daher unverzüglich verbraucht und vor der Zubereitung einer Prüfung durch Auge, Nase und Zunge unterworfen werden (Beratung durch den Truppenarzt).

4. Auch in warmen Ländern gilt der Grundsatz, die Verpflegung möglichst dem Lande zu entnehmen. Wenn des öfteren vorwiegend Konserven verwendet

werden müssen, Abwechslung durch Ausgabe von frischem Gemüse und Obst schaffen. Der Feldkoch muß sich daher mit den frischen Lebensmitteln des Landes und ihrer Zubereitung schnell vertraut machen.

5. Alle Kost muß bekömmlich sein. Umfangreiche und schwerer verdauliche Gerichte höchstens am Abend ausgeben. Fettes Fleisch, Fett und Hülsenfrüchte in der heißen Zeit wenig verwenden.

6. Die gewohnten Zubereitungsformen möglichst aufrechterhalten. Von den Eingeborenen nur die Zubereitungsarten übernehmen, die unserem Geschmack entsprechen.

7. Die Speisen abwechslungsreich zubereiten, damit der in warmen Ländern verminderte Appetit angeregt wird.

8. Möglichst oft getrennte Gerichte herstellen; dabei besonderen Wert auf die Zubereitung g e b r a t e n e r und g e r ö s t e t e r Lebensmittel legen.

9. Die Speisen mit Gewürzen und würzenden Zutaten schmackhaft zubereiten. Bei der Verwendung von Salz und scharfen Gewürzen ist jedoch Vorsicht geboten.

10. Reste ausgeben und nicht aufbewahren, weil sie sehr schnell verderben. Verdorbene Nahrungsmittel nicht herumliegen lassen, sondern durch Vergraben oder Verbrennen vernichten.

1. Schutz gegen klimatische Einflüsse

Zum Schutz gegen Verstaubung, besonders bei Sandstürmen, leistet ein behelfsmäßig über der motorisierten Feldküche angebrachter Bretterverschlag, möglichst mit Fenstern, die geöffnet werden können, gute Dienste. Bei der bespannten Küche kann sich der Koch durch Anbringen eines Zeltdaches helfen (vgl. H. Dv. 476/3, Nr. 37).

Fliegen sind der gefährlichste Feind der Sauberkeit. Sie übertragen Krankheiten und sind daher mit allen Mitteln von der Küche fernzuhalten.

Bei voraussichtlichem längeren Aufenthalt soll möglichst bald ein Lagerraum für Lebensmittel eingerichtet werden. Entweder in die Erde eingegraben oder aus mit Lehm zusammengemauerten Steinen errichtet und mit Zeltbahnen, Brettern, Kameldorn, Halfagras, Sand usw. überdacht, bietet er den Lebensmitteln Schutz gegen Hitze, Staub und Fliegen. Dieser Vorratsraum soll nach Möglichkeit im Schatten stehen, etwas von der Küche entfernt, und trocken, kühl und luftig sein. Deshalb muß durch zwei oder drei gegenüber angebrachte Löcher für gute Durchlüftung gesorgt werden.

Höhlen eignen sich nach eingehender Reinigung ebenfalls als Vorratsräume.

Sind die Lebensmittel fest verpackt, so bietet ihnen schon ein flaches Vergraben und Bedecken mit Gestrüpp, Gras usw. wirksamen Schutz. Es ist ratsam, die Stelle zu kennzeichnen (Steine, Stöcke usw.), um sie nach Sandstürmen wiederzufinden.

Fleisch, Dauerfleisch, Dauerwurst usw. möglichst hängend aufbewahren. Frischfleisch außerdem durch Moskitonetze, saubere luftdurchlässige Tücher oder Säcke, die öfter ausgekocht werden müssen, gegen Fliegen schützen. Die übrigen Lebensmittel möglichst auf Holzrosten oder Regalen in Verpackung (Kisten, Kartons, Säcke) aufbewahren. Zum Schutz gegen Ameisen einen freistehenden Tisch mit den Beinen in mit Rohöl oder Betriebsstoff gefüllte Konservendosen stellen. Auf dem Tisch können dann Zucker und andere für Ameisen besonders anziehende Lebensmittel gelagert werden.

2. Behelfsmäßige Kocheinrichtungen und -geräte

Infolge des in warmen Gegenden zurückgehenden Appetits muß der Feldkoch neben abwechslungsreicher Zubereitung besonderen Wert auf die Herstellung getrennter Gerichte legen. Deshalb soll neben der Feldküche bei Gelegenheit eine behelfsmäßige Feuerstelle errichtet werden, auf der mit Behelfsgeräten Braten, Gulasch, Klopse usw. zubereitet, aber auch Zwiebeln, Fleisch u. a. zur Geschmacksverbesserung angeröstet werden können. Außerdem sind diese Einrichtungen für kleine Kochgruppen sehr praktisch.

Feuerstellen: Bei Sandboden ein Loch in die Erde graben, das nach beiden Seiten in Windrichtung schräg ausläuft. Als Auflage für Topf oder Pfanne dienen entsprechend aufgestellte Steine oder quer-

Feuerstelle in die Erde gegraben   Feuerstelle aus Steinen errichtet

gelegte, nicht brennbare Stäbe. Zum Kochen und Anwärmen in mehreren Kochgeschirren ist eine über zwei Gabelstützen gelegte Querstange sehr praktisch.

Auf steinigem Boden, der das Ausheben eines Feuerloches nicht zuläßt, die Feuerstelle aus Steinen errichten. Bei längerem Aufenthalt lohnt sich der Ausbau zum Herd und Backofen.

Feuerstellen aus Benzinfässern sind jedoch praktischer, weil sie mitgenommen werden können und sofort gebrauchsfähig sind:

Ein Benzinfaß quer durchschneiden und mit der offenen Seite nach unten aufstellen. Auf der einen Seite ein Feuerloch, auf der anderen ein Loch für den Rauchabzug einschneiden, das nach Möglichkeit noch ein Abzugsrohr, etwa aus Konservendosen, erhält. Das Faß kann aber auch ganz verwendet werden. Das Feuerloch alsdann in der Mitte an-

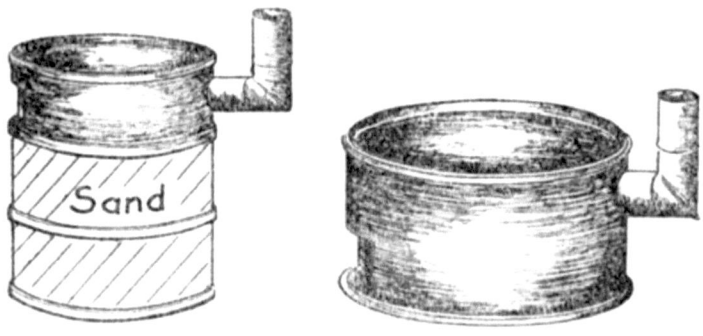

bringen und die untere Hälfte mit Sand füllen, damit weniger Hitze verlorengeht.

Mit Hilfe einer Werkstatt oder eines geschickten Handwerkers kann aus einem Benzinfaß auch ein B a c k o f e n gebaut werden:

Auf der einen Seite den Boden herausschneiden und für die Öffnung eine Tür zum Vorstellen fertigen. Innen Schienen als Auflage für die Kuchenbleche anbringen und passende Bleche dazu herstellen. Dann das Faß in horizontaler Lage einmauern. Hierbei unten das Feuerungsloch einbauen, den Rauchabzug um das Faß herumführen und hinten oben hinausleiten.

Zur Not eignet sich auch eine leere Konservendose als Feuerstelle. Hierzu drei Viertel der Dose mit Sand füllen, den Sand mit Betriebsstoff tränken und anzünden (Vorsicht, heizt sehr gut!).

Sehr ratsam ist die Mitnahme eines guten Benzinkochers, der sehr leicht zu transportieren und praktisch ist. Der Esbitkocher eignet sich dagegen fast nur zum Wärmen fertiger Speisen.

Behelfsmäßige Pfanne für größere Mengen

K o c h g e r ä t e : Neben allen möglichen fertigen Kochtöpfen, Pfannen usw. haben auch hier wieder die Benzinfässer sehr brauchbare Eigenschaften. Es können daraus, wenn sie gut erhalten sind, Bratpfannen, Töpfe und Kessel gebaut werden. Daß sie sehr gut gereinigt und mehrmals ausgekocht werden müssen, versteht sich von selbst. Außerdem dürfen in ihnen keine Speisen aufbewahrt werden. Die Herstellung dieser Töpfe ist denkbar einfach:

Zum Gebrauch als Kessel auf der einen Seite den Boden ab- oder herausschneiden und aus Holz einen passenden Deckel fertigen, für kleine Töpfe oder

Kochtopf aus Benzinfaß

Pfannen das Faß dann entsprechend durchschneiden. Angenietete oder ansteckbare Griffe und Stiele erleichtern die Handhabung.

Zur Not genügt auch schon eine leere Konservendose oder ein Kuchenblech, die zum Anrösten von Zwiebeln, Mehl, Tomaten usw. gute Dienste leisten.

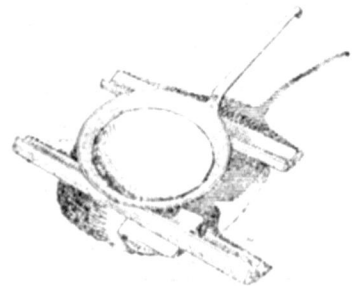
Pfanne für kleine Mengen

Als Notbehelf genügt eine Konservendose

Braten am Spieß: Für Geflügel und kleinere Fleischstücke genügt ein fester Stock oder sauberer Eisenstab, der mit dem aufgesteckten Fleisch schräg in die Erde gestemmt wird, so daß das Bratgut über dem glühenden Feuer hängt.

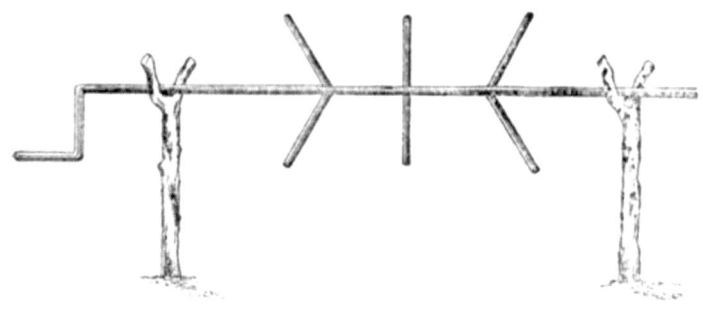

Für größere Tiere den Spieß am besten in einer Werkstatt anfertigen lassen. Er besteht aus einer Eisenstange, die auf der einen Seite in eine Kurbel ausläuft. In der Höhe der Beine des Tieres sowie in der Mitte je eine Querstange anordnen. Zum Bratfertigmachen des Tieres die Bauchseite so weit aufschneiden, daß es sich völlig auseinanderklappen läßt, und auf dem Spieß mit den Beinen an die Querstangen gebunden werden kann. Gleichmäßig mit Salz und Pfeffer einreiben und mit einigen Zwiebeln spicken. Den Spieß dann in entsprechende Gabeln hängen, zwischen denen ein Feuerloch gegraben wurde. Darin ein mäßiges, möglichst nur glühendes, rauchfreies Feuer unterhalten (nur Holzkohle oder trockenes Holz verwenden!), das in der Höhe der Brust und Keulen etwas stärker sein muß. Unter langsamem Drehen des Spießes und Begießen des Fleisches mit dem abtropfenden Saft wird es allmählich gargebraten. Garzeit für junge Gazellen etwa 2 bis 3 Stunden.

Garmachen auf heißen Steinen: Feuerloch ausheben und darin etwa faustgroße Steine einschichten. Auf den Steinen ein Holzfeuer unterhalten, bis die Steine stark erhitzt sind. Dann das Fleisch in große Blätter, etwa von Bananen oder Papaya, wickeln, zwischen die Steine legen, zudecken und gardünsten lassen.

Dünsten in glühender Asche: In einem Feuerloch reichlich glühende Asche erzeugen und die Lebensmittel im Kochgeschirr durch Zugabe von etwas Fett oder Wasser und Salz vorbereiten. Kochgeschirr verschließen, in die Asche stellen, damit bedecken, über das Ganze Sand schütten und gardünsten.

Behelfsmäßige Maße:

Kochgeschirrdeckel . . .	etwa	½ l
Kochgeschirr	gut	1½ l
Feldflasche (für Tropen) . .	etwa	1 l
Trinkbecher	gut	⅓ l

Ein Kochgeschirrdeckel gestrichen voll:

Hülsenfrüchte	etwa	425 g
Reis	,,	500 g
Graupen	,,	425 g
Zucker	,,	465 g
Teigwaren (Hörnchen)	,,	300 g

Ein Eßlöffel gestrichen voll:

Mehl	etwa	15 g
Grieß	,,	20 g
flüssiges Fett	,,	20 g
Kochsalz	,,	25 g
Milch	,,	20 g
Zucker	,,	20 g
Tomatenmark	,,	30 g

Ein gehäufter Teelöffel voll:

Mehl	etwa	5 g
Zucker	,,	8 g
Salz	,,	10 g
Tomatenmark	,,	15 g

3. Wasser

ist in warmen Ländern knapp, insbesondere gutes und salzfreies. Da es überdies fast nie keimfrei ist, muß es abgekocht werden. Dazu ist jedes Kochgerät brauchbar.

Verschmutztes Wasser bedarf außerdem vor dem Abkochen noch der Reinigung durch Filtern. Oft genügt Gießen durch ein sauberes Leinentuch oder einen Zwiebackbeutel. Für größere Mengen muß ein behelfsmäßiger Filter aus einem am Boden mit einem Loch versehenen Blechkanister gefertigt werden, in den folgende Filterschichten, von unten nach oben gesehen, einzulegen sind: Saubere Verbandswatte oder -mull, Seesand, Holzkohle, Kieselsteine. Derartig behelfsmäßig gefiltertes Wasser muß vor dem Genuß stets abgekocht werden.

So hilft man sich, wenn weder das Tornisterfiltergerät noch der Heerestrinkwasserbereiter, die gleichzeitig reinigen und entkeimen, zur Hand sind.

4. Die Entnahme von Lebensmitteln aus dem Lande

zwingt wegen der unhygienischen Lebensweise der Eingeborenen zu größter Vorsicht.

S c h l a c h t t i e r e (Rinder, Hammel, Schweine, Kamele usw.) müssen durch einen Veterinäroffizier oder Fleischbeschauer vor und nach der Schlachtung untersucht werden, da die Tiere sehr häufig mit Krankheitserregern behaftet sind, die die menschliche Gesundheit gefährden bzw. schwere, oft tödliche Schäden hervorrufen können. Ist dies nicht möglich, so muß nach der Anleitung auf Seite 25 verfahren werden.

Schweinefleisch soll hinter anderen Fleischsorten zurückstehen und im Sommer möglichst vermieden werden. Das leicht verdauliche Geflügelfleisch ist allen anderen Fleischsorten vorzuziehen.

Fische werden außer an den Meeresküsten auch in Seen, Flüssen und Tümpeln gefunden. Tümpelfische sind oft wegen Wurmbefall ungenießbar. Frische Fische, Schalen- und Krustentiere (Garnelen, Krabben, Taschenkrebse, Krebse, Langusten und Hummern) immer nur springlebendig beschaffen. Fische sind von dem Koch zu töten und schnell zuzubereiten, weil die Verderbnisgefahr in warmen Ländern besonders groß ist. Schalen- und Krustentiere stets lebend in den Kochtopf mit kochendem Wasser geben, da sonst Vergiftungsgefahr besteht.

Gemüse und Obst sind durch die von den Eingeborenen vielfach angewandte Kotkopfdüngung mit Würmern, Eiern von Kleinlebewesen (Parasiten) u. dgl. behaftet und müssen darum mit kaltem, abgekochtem Wasser abgewaschen werden, wenn sie geschält oder gekocht werden sollen. Nicht schälbares Obst, Gemüse und Salate, die ungekocht verzehrt werden sollen, zur Entkeimung unmittelbar vor der Ausgabe an den Soldaten mindestens eine halbe Minute — nicht kürzer — in kochendes Wasser eintauchen.

Beschädigte Früchte sollen nicht angekauft werden. Alle verderblichen Lebensmittel, wie z. B. Fleisch, Obst, Gemüse usw., sind möglichst schnell zu verbrauchen. Geöffnete Konserven sofort verbrauchen; nicht mehr Dosen öffnen, als benötigt werden.

Über die Zubereitung im allgemeinen

Neben der H. Dv. 86 (Feldkochbuch), die auch in warmen Ländern für die Zubereitung in der Feldküche grundlegend ist, zeigt dieser Abschnitt nicht nur die Besonderheiten über die Vorbereitung und das Würzen der Speisen in wärmeren Gegenden, sondern außerdem das wichtigste für das Kochen in kleinen Gruppen.

Die später folgenden Kochanleitungen sind für die Zubereitung im Kochgeschirr zugeschnitten, weil die Übertragung dieser Anleitungen auf die Feldküche nicht schwierig ist. Die Mengen sind, wenn nichts anderes angegeben, für ein Kochgeschirr berechnet, dessen Inhalt meist für 1 bis 2 Mann ausreicht (etwa 1½ l).

1. Das Kochen in kleinen Gruppen

ist leichter, als es den Anschein hat. Bei richtiger Vorbereitung, sachgemäßer Zubereitung unter Beachtung der Garzeiten und durch schmackhaftes Würzen wird immer ein appetitliches Gericht der Lohn für die Mehrarbeit sein.

Zur Mitnahme bei Unternehmungen ohne Feldküche eignen sich folgende Verpflegungsmittel, aus denen schnell ein bekömmliches Gericht hergestellt werden kann:

Reis, Grütze, Grieß oder Mehl,

Fett (Öl oder Butter),

Dosenmilch,

würzende Zutaten (Salz, Zwiebeln, Tomatenmark, Tomaten in Dosen, Condimento, Sugoro, Ketchup usw.),

Mischkonserven, Gemüsekonserven,

Kaffee, Tee, Zitronen,

wenn erforderlich auch Wasser und Fleischkonserven.

Die Mitnahme der Verpflegungsmittel, der Kochgeräte, des Brennmaterials usw. wird durch den Zusammenschluß zu Kochgruppen wesentlich erleichtert und macht eine bessere Zubereitung und Ausnutzung der Lebensmittel möglich. Am zweckmäßigsten sind folgende Kochgruppen:

1. Bei der Zubereitung im Kochgeschirr etwa 5 Mann und
2. bei der Zubereitung mit behelfsmäßigen Kochgeräten je nach Größe der Geräte 10 bis 20 Mann.

Die Getränke sollen möglichst immer in einem bestimmten Topf oder Kochgeschirr zubereitet werden, weil selbst bei einigermaßen gründlicher Reinigung nach der Zubereitung der Speisen immer noch kleine Fettreste zurückbleiben, die Kaffee, Tee usw. unappetitlich machen.

Kochgeräte zum Schutz der Lebensmittel vor Staub und Verschmutzen durch Ruß sowie wegen des besseren Garwerdens immer zudecken. Nicht zugedecktes Wasser z. B. nimmt beim Kochen auf offenem Feuer leicht Rauchgeschmack an. Beim Kochgeschirr den Deckel mit der Öffnung nach oben aufsetzen, weil er sich beim Kochen leicht festklemmt. Ein selbst gefertigter Deckel aus Holz oder Blech ist sehr praktisch, weil er den Kochgeschirrdeckel zu gleichzeitigem Braten freigibt. Deckel oder Pfanne beim Braten nicht zudecken.

2. Vorbereitung der Lebensmittel

F r i s c h f l e i s c h sofort verbrauchen. Vor der Zubereitung gründlich mit abgekochtem Wasser abwaschen, dem möglichst Salz oder Essig zur besseren Reinigung zugesetzt wird. Äußerlich schmieriges, aber sonst noch nicht verdorbenes Fleisch mit übermangansaurer Kalilösung abwaschen, wenn nicht schon ein Abschneiden der äußeren Schicht nötig ist. Dann die Knochen auslösen, das Fleisch in nicht allzu große Stücke schneiden und etwas klopfen. Die Knochen zu Brühe oder im Gericht auskochen. Nicht abgehangenes Fleisch eignet sich am besten zu Hackfleischgerichten und Gulasch. Durch Marinieren wird es aber auch in größeren Stücken mürbe. Hierzu die Fleischstücke mit einer aufgekochten und wieder abgekühlten Marinade aus Wasser, Essig, Zwiebeln, Gewürzkörnern und Lorbeerblatt bedecken und bis zu einem Tag darin ziehen lassen. Dann herausnehmen, abtrocknen und wie Schmorbraten zubereiten (für Rind-, Hammel-, Wildfleisch und ähnliche Sorten). Hammelfleisch verliert dadurch fast völlig den oft unangenehmen Beigeschmack. Derartig mariniertes Fleisch muß an einem kühlen Ort aufbewahrt werden und spätestens 36 Stunden nach dem Einlegen verbraucht sein.

Durch Veterinäroffizier oder Fleischbeschauer nicht untersuchtes Fleisch in kleine Würfel schneiden und mindestens 2½ Stunden gut durchkochen. Etwa vorhandene Schädlinge werden dadurch abgetötet und die Gefahr einer Erkrankung der Essenteilnehmer vermieden.

Hackfleisch nur aus einwandfreiem, frischem Fleisch und während der kühleren Tageszeit herstellen. Die Fleischhackmaschine muß hierzu völlig sauber sein und nach dem Gebrauch auseinandergenommen, mit kochendem Wasser überbrüht und wieder sorgfältig gereinigt werden.

Steht keine Fleischhackmaschine zur Verfügung, wie z. B. bei kleinen Kochgruppen, so kann das Fleisch auch mit einem scharfen Messer geschabt oder gehackt werden.

W i l d nach dem Ausweiden abziehen und zerlegen.

1. Abziehen: Das Wild an den Hinterläufen frei aufhängen. Mit einem scharfen, spitzen Messer das Fell an den Innenseiten der Keulen und Blätter (Vorderläufe) sowie vom Brustkorb bis zum Hals auftrennen und die Läufe in den untersten Gelenken durchschneiden. Alsdann das Fell von den Keulen und Vorderläufen ringsherum vorsichtig lösen und vom Hinterteil beginnend nach und nach bis zum Kopf, der abgeschnitten wird, abziehen.

2. Zerlegen: Die Keulen hinter dem Hüftknochen mit scharfem Messer abtrennen und in der Mitte auseinanderhacken. Die Blätter auseinanderspreizen und vom Rumpf vorsichtig ablösen.

Die Brust am besten mit einer scharfen Säge in der Mitte auf- und so vom Rücken abtrennen, daß an diesem noch ein kurzes Stück Rippe wie beim Kotelett verbleibt. Den Hals vom Rücken abtrennen.

Weitere Verarbeitung wie beim Frischfleisch.

G e f l ü g e l rupfen, über kleiner Spiritusflamme oder glühendem Holzfeuer sengen und ausnehmen. Hierzu das Geflügel auf den Rücken legen, den Hals nicht zu kurz abschneiden und die Haut vom After bis etwa zum Brustbeinknorpel vorsichtig einschneiden, ohne die Eingeweide zu verletzen. Diese mit zwei Fingern ringsherum von der Bauchhöhle lösen und herausziehen. Auch der Kropf und die Gurgel müssen herausgenommen werden. Soll das Geflügel nicht sofort verbraucht werden, so wird es nicht ausgewaschen, sondern innen leicht mit Salz eingerieben. Das Auswaschen erfolgt dann erst kurz vor der Zubereitung.

Aus den Eingeweiden kann die Leber, von der die Gallenblase vorsichtig entfernt werden muß, herausgenommen, gebraten oder auch gekocht werden. Aus Herz, Magen, Hals, Flügeln und den gebrühten, abgezogenen Pfoten läßt sich eine wohlschmeckende Suppe zubereiten. Der Magen muß dabei durch Schnitt geöffnet, gereinigt und von der zähen Innenhaut befreit werden.

F i s c h e (vgl. Seite 21) mit kurzem Schnitt durch das Rückgrat am Kopf töten, mit einem Messer oder Kratzer sauber vom Schwanz bis zum Kopf schuppen und von Schwanz und Flossen befreien.

Danach den Bauch aufschneiden, die Eingeweide herausnehmen, die graue Innenhaut vom Rückgrat entfernen und den Fisch sauber aus- und abwaschen.

Je nach Größe des Fisches und der Kochgeräte wird er ganz oder in entsprechenden Stücken zubereitet.

S c h a l e n - u n d K r u s t e n t i e r e (vgl. Seite 21) stets lebend in den Kochtopf mit kochendem Wasser geben, da sonst Vergiftungsgefahr besteht. Durch Herausreißen der mittleren Schuppe des Schwanzendes vor der Zubereitung wird bei Krebsen der Darm entfernt.

F r i s c h g e m ü s e vor der Zubereitung gründlich waschen und unter möglichst geringem Verlust einwandfrei putzen oder schälen. Spargel sind gründlich zu schälen, bis die Oberfläche stumpf aussieht. Bei Verwendung zu rohen Salaten alle Gemüse ganz kurz in kochendem Wasser abwellen. Vgl. dazu auch Seite 21.

H ü l s e n f r ü c h t e, g e t r o c k n e t e G e m ü s e u n d g e t r o c k n e t e K a r t o f f e l n. Bei Vorhandensein von gutem Wasser die verlesenen und gewaschenen Hülsenfrüchte wie üblich etwa 8 bis 10 Stunden, getrocknete Gemüse und Kartoffeln etwa 4 bis 6 Stunden möglichst während der kühleren Tageszeit mit kaltem Wasser im sauberen Kessel einweichen.

Das Einweichen während der kühleren Tageszeit hat folgenden Grund: Am Tage ist das Wasser heiß, weil Außentemperaturen von über 50 Grad Celsius im Sommer keine Seltenheit sind. Werden Hülsenfrüchte mit diesem heißen Wasser eingeweicht, in der Nacht abgekühlt und morgens wieder erwärmt, dann wird die Schale lederartig, wonach ein Garwerden nicht mehr zu erwarten ist. Steht nur salzhaltiges Wasser zur Verfügung, dann werden Hülsenfrüchte, getrocknete Gemüse und Kartoffeln ohne Einweichen nach kurzfristigem Waschen in reichlich kochendes Wasser gegeben. Sie werden auf diese Art fast immer weich oder wenigstens so weit gar, daß sie durch den Fleischwolf gedreht oder mit einer Gabel zerdrückt zu Brei verarbeitet werden können.

3. Garzeiten der Lebensmittel

können nur ungefähr angegeben werden, weil die Kochdauer von Qualität und Alter des Lebensmittels wie auch stark von der Beschaffenheit des verwendeten Wassers abhängt. Werden die Lebensmittel länger als zum Garwerden nötig gekocht, so gehen wertvolle Nährstoffe, insbesondere Vitamine, verloren. Deshalb bei Eintopfgerichten verschiedenartige Lebensmittel nicht zusammen ansetzen, sondern ihren Garzeiten entsprechend nacheinander in den Topf geben. Die einzelnen Garzeiten sind vom tatsächlichen Kochbeginn an gerechnet.

a) Fleisch

Frisches Rindfleisch . . .	etwa	$2\frac{1}{2}-3$	Stunden
„ Schweinefleisch . .	„	$1\frac{1}{2}-2$	„
„ Hammelfleisch . .	„	$2-2\frac{1}{2}$	„
„ Kalbfleisch . . .	„	$1\frac{1}{2}-2$	„

Rinddauerfleisch	etwa	3½ Std.
Schweinedauerfleisch (mager)	„	2½ „
Schweinedauerfleisch (Speck)	„	1½ „
Kamelfleisch, jung	„	1½—2 „
Kamelfleisch, alt	„	2½—3 „

Konservenfleisch nur im fertigen Gericht erwärmen und nicht mehr mitkochen, da es bereits gar ist.

b) Andere Lebensmittel

Weiß- und Wirsingkohl .	frisch	etwa	1 Std.
Stengel- oder Blattkohl .	„	„	1—1½ Std.
Kartoffeln	„	„	½ Std.
Staudensellerie . . .	„	„	¼—½ „
Paprikaschoten . . .	„	„	½—¾ „
Tomaten	„	„	5 Min.
Zwiebeln	„	„	30 „
Sauerkohl in Dosen .	„	„	20—30 „
Erbsen	„	„	2—3 Std.
Bohnen	„	„	2—3 „
Linsen	„	„	1—2 „
Wehrmachtsuppenkonserven	„	„	20—40 Min.
Reis		„	20 „
Teigwaren		„	10—20 „
Graupen			¾—1½ Std.

Bei Verwendung guter getrockneter Gemüse und getrockneter Kartoffeln, Vorhandensein von gutem, salzfreiem Wasser und normaler Einweichzeit sind die Garzeiten ungefähr die gleichen wie bei frischen. Sonst liegen sie oft beträchtlich höher. Gemüse in Dosen nur im garen Gericht erhitzen und nicht mitkochen.

4. Würzen der Speisen

Der Soldat braucht in warmen Ländern eine würzige Kost, weil die Hitze den Appetit herabsetzt. Zur Anregung des Appetits sollen aber nur milde Gewürze und Würzzutaten verwandt werden, weil scharfe Durst erzeugen. In erster Linie kommen in Betracht: Zwiebeln, frische und getrocknete Würzkräuter, Zitronensaft und -schale, Tomatenmark und andere Tomatenerzeugnisse, wie Condimento, Sugoro u. a., Gewürzgurken, Hefeextrakt usw. Durch geschickte, vielseitige Verwendung der genannten Zutaten wird die Kost außerdem abwechslungsreich.

Würzende Zutaten, wie Tomatenmark, Hefeextrakt und Gewürzgurken, reichern das Gericht auch noch mit wertvollen Nährstoffen, besonders Vitaminen an. Zur Erhaltung der Vitamine sollen diese Zutaten nicht mitkochen, sondern erst unmittelbar vor der Essenausgabe zugegeben werden. Aus dem gleichen Grunde wird ein Teil des Sauerkohls feingehackt und kurz vor der Essenausgabe im garen Gericht erwärmt. Zur Geschmacksverbesserung kann jedoch ein Drittel des Tomatenmarks bei der Zubereitung von

Schmorbraten, Gulasch und anderen kräftigen Gerichten mit angeröstet werden.

Englische Gewürzzubereitungen und Würztunken sind meist sehr scharf und deshalb mit Vorsicht zu verwenden.

Zubereitung einzelner Lebensmittel

1. Fleisch- und Fischgerichte

Gekochtes Fleisch

Fleisch nach Anweisung auf Seite 24 vorbereiten, in kochendes Wasser geben, nach dem Aufkochen mit Salz würzen und unter späterer Beigabe von etwas frischem oder getrocknetem Suppengemüse garkochen. Das Fleisch ist gar, wenn mit einer Gabel leicht hineingestochen werden kann und das Fleisch beim Hochheben wieder herabfällt.

Als Einlage 2 bis 3 Eßlöffel Reis, Teigwaren oder auch Grieß in die Brühe geben, dann einmal aufkochen und garziehen lassen.

Die Brühe kann auch mit Mehlschwitze oder in Wasser eingerührtem Mehl gebunden und als Tunke mit Kartoffeln usw. zu dem Fleisch gegessen werden.

Herstellung der Mehlschwitze: Etwas Fett (Öl, Butter usw.) in einem Gefäß (Topf,

Pfanne, Kochgeschirrdeckel) heiß werden lassen, Mehl dazugeben und rösten. Zu hellen Tunken keine Farbe nehmen lassen, zu braunen hellbraun rösten. Mit etwas kalter Flüssigkeit glattrühren, dann erst die Tunke damit binden und durchkochen lassen.

Schmorbraten

Fleisch wie vorstehend vorbereiten, salzen, pfeffern und in heißem Fett im Kochgeschirrdeckel scharf anbraten. Wenn das Fleisch auf allen Seiten braun ist, etwas Suppengrün, Zwiebeln und Tomatenmark dazugeben und mitrösten. Das Fleisch in das Kochgeschirr geben, Wasser auffüllen, bis das Fleisch bedeckt ist, und garschmoren. Den Bratensaft im Deckel mit etwas Wasser abkochen, dazugeben und den Braten garschmoren. Fleisch herausnehmen und warmhalten, die Tunke mit Mehlschwitze binden, durchkochen und abschmecken.

Gebratene Fleischscheiben (Schnitzel, Kotelett usw.)

Zarte Fleischstücke können in Scheiben geschnitten und dann im Kochgeschirrdeckel oder in einer Pfanne gargebraten werden. Die Scheiben mit einem Beil oder auch mit der sauberen Hand klopfen, mit wenig Salz und Pfeffer bestreuen und in heißem Fett auf beiden Seiten braun braten.

Gulasch aus Frischfleisch

Fleisch vorbereiten, in etwa walnußgroße Würfel schneiden, salzen, pfeffern und in heißem Fett im Kochgeschirrdeckel anbraten. Wenn das Fleisch braun wird, 1 Teelöffel Tomatenmark und wenig Paprika mitrösten und etwas Wasser zugießen. Im Kochgeschirr feingeschnittene Zwiebeln in Fett gelb dünsten, das Fleisch mit dem abgekochten Saft dazugeben, mit Wasser bedecken und garschmoren.

Mit Mehlschwitze oder in Wasser angerührtem Mehl binden und abschmecken.

Gleiche Zubereitung:

Gulasch mit Paprikaschoten:

Eine als Gemüse vorbereitete Paprikaschote etwa 30 Minuten vor Garwerden des Fleisches dazugeben und mitkochen oder statt dessen 1 bis 2 Paprikaschoten in Dosen zerschneiden und im garen Gericht erhitzen.

Szegediner Gulasch:

Im garen Gericht einen halben Trinkbecher voll feingehackten Sauerkohls erhitzen. Mit Dosenmilch abschmecken.

Gulasch mit Gemüsen:

Im Gericht Gemüse (frische oder getrocknete, auch Kürbis ist geeignet) den Garzeiten entsprechend mitkochen. Dosengemüse nur im garen Gericht erhitzen.

Serbisches Reisfleisch:

Zum Gulasch möglichst Kalbfleisch verwenden und nur mit Paprika abschmecken. Etwa 20 Minuten vor Garwerden des Fleisches 2 bis 3 Eßlöffel Reis dazugeben und garkochen oder statt dessen fertigen Risotto (vgl. Seite 38) unter das Gericht mischen.

Gulasch aus Fleischkonserven

Für einen Mann etwa 10 g Fett heiß werden lassen, bis 10 g Mehl dazugeben, gelb rösten, kleingeschnittene Zwiebeln und 1 Teelöffel Tomatenmark mitrösten und, wenn alles hellbraun ist, damit ¼ l Wasser binden. Mit Pfeffer oder Paprika abschmecken, gut durchkochen lassen und in dieser Tunke die Fleischkonserven nur erhitzen.

Klopse aus Frischfleisch

Das Fleisch durch die Hackmaschine drehen oder mit einem scharfen Messer recht fein hacken, mit Salz und Pfeffer würzen und gut verarbeiten (vgl. Seite 25).

Geriebenes oder eingeweichtes Brot (bei Vorhandensein Weißbrot), feingeschnittene Zwiebeln, Ei oder Eiweiß, statt dessen auch Bratlingsmasse oder Vollsoja dazugeben und nochmals verarbeiten.

Aus dieser Masse Klopse formen, in Mehl oder geriebenem Brot wälzen und sofort in heißem Fett langsam garbraten.

Zur Herstellung der Bratlingsmasse 1 Teil Bratlingspulver in 1½ Teile abgekochtes, kaltes Wasser geben, verrühren und etwa 2 Stunden stehenlassen. Dann im Verhältnis 1 : 1 mit Hackfleisch verarbeiten. Z. B.: 20 g Bratlingspulver und 30 g Wasser (= 50 g Bratlingsmasse) ergeben mit 50 g Hackfleisch vermischt 100 g Hackfleischmasse.

Wegen der Gefahr der Säuerung ebenso wie Hackfleisch möglichst nur während der kühlen Tageszeit herstellen. Klopse gut durchbraten.

Klopse aus Fleischkonserven

Von der Konserve etwas Saft abgießen und zur Tunke verwenden. Das Fleisch fein schneiden und einige Zeit an der Luft trocknen lassen.

Dann mit etwas Mehl und den übrigen Zutaten wie Klopse von Frischfleisch zubereiten.

Innereien

L e b e r in Scheiben schneiden und ohne Klopfen wie „Gebratene Fleischscheiben" zubereiten.

H e r z e n auseinanderschneiden und entweder kochen, wie Schmorbraten zubereiten oder am Spieß braten.

Z u n g e n säubern, wie „Gekochtes Fleisch" zubereiten und dann gründlich enthäuten. Sie können kalt und warm gegessen werden.

Geflügel

nach Vorbereitung auf Seite 26 gründlich ab- und auswaschen, kochen oder in einer Pfanne braten bzw. schmoren. Junges Geflügel eignet sich auch zum Braten am Spieß. Dazu das Geflügel mit Salz abreiben, auf einen Gabelstock stecken und über mäßigem Feuer garbraten. Die Brust vor zu starker Hitze schützen, weil sie leicht austrocknet.

Fische

Vorbereitung nach Anleitung auf Seite 27.

G e k o c h t : Die Fischstücke in kochendes Salzwasser geben, das je nach Vorhandensein mit Gewürzkörnern, Lorbeerblättern, Zwiebeln, Suppengemüsen und Essig gewürzt wird, aufkochen und bei gelindem Feuer garziehen lassen.

Die Fischbrühe nach Herausnehmen des Fisches mit Mehlschwitze oder eingerührtem Mehl binden, glattrühren, durchkochen und mit Gewürzgurken, Tomaten, Wein oder anderen geschmackgebenden Zutaten würzen.

G e b r a t e n : Die Fischstücke salzen, pfeffern und in heißem Fett langsam garbraten. Zitronensaft darübergeträufelt macht gebratenen Fisch besonders schmackhaft.

Schalen- und Krustentiere

Vorbereitung nach Seite 28.

In Salzwasser, dem einige Zwiebelstückchen zugegeben werden können, garkochen. Besonders gut schmecken Schwanz und Scheren, die aufgebrochen werden müssen. Beim Schwanz muß vor dem Genuß der Darm entfernt werden.

2. Andere Gerichte

Reis

ist leicht bekömmlich und daher besonders gut für die Ernährung in warmen Ländern geeignet. In kochendes Wasser geben. Nach dem Aufkochen soll Reis nur noch etwa 20 Minuten bei gelindem Feuer garziehen, damit er nicht zu Brei zerkocht, sondern körnig bleibt. Dann das Wasser abschütten und den Reis in einem Topf oder Sieb über dem Feuer etwas schütteln, damit er wieder trocken wird.

Risotto

(Reis als Beilage zu Fleischgerichten)

Kleingeschnittene Zwiebeln in Öl andünsten, Reis in einem Gefäß abmessen und möglichst kurz mitdünsten. Die etwa zweifache Menge Wasser dazugeben und unter kurzem Umrühren aufkochen. Nicht mehr umrühren und bei gelindem Feuer oder im Ofen zugedeckt garziehen lassen.

Bei der Zubereitung in der Feldküche nach dem Aufkochen Feuer herausnehmen und 20 Minuten bei geschlossenem Deckel ziehen lassen. (Zwiebeln usw. im Behelfsgerät dünsten.)

Zum Schluß mit einer Gabel vorsichtig durchrühren und salzen.

Bei der Zubereitung im Kochgeschirr nach dem Aufkochen vom Feuer nehmen, auf den Deckel einige glühende Holzkohlenstückchen legen und den Reis garziehen lassen.

Gleiche Zubereitung:

R i s o t t o   m i t   T o m a t e n : Unter den garen Reis 1 Teelöffel Tomatenmark oder 1 bis 2 gedünstete frische Tomaten mischen.

R i s o t t o   m i t   g r ü n e n   E r b s e n : Etwa $1/5$ Dose grüne Erbsen erhitzen, abgießen und unter den fertigen Reis geben.

Pilaff

Risotto mit kleingeschnittenen, angedünsteten Zwiebeln, Tomatensaft oder -mark, Fleisch- oder Fischstückchen, auch mit gebratener Geflügelleber vermischen und würzen.

Reisfrikandellen

Reis in Wasser mit wenig Salz im Verhältnis 1 : 3 garkochen, möglichst etwas Dosenmilch dazugeben und abkühlen lassen. Kleine Klopse formen, in geriebenem Brot wälzen und in Fett goldgelb braten.

Dazu Tomatentunke geben.

Serbisches Reisfleisch siehe Seite 35.

Milchreis

1 Teil Reis in etwa 2 bis 3 Teile kochendes Wasser geben und unter Zugabe von etwas Zucker garkochen. Sehr schmackhaft ist die Beigabe von etwas Zitronenschale und Zimt. 1 bis 2 Teile kondensierte Milch erst an den garen Reis geben, weil sie sonst gerinnen würde.

Tomatenreis mit Konservenfleisch

Den Reis mit gerösteten, kleingeschnittenen Zwiebeln in kochendes Wasser oder bei Verwendung von Frischfleisch in die Brühe des vorgekochten Fleisches geben. Für dicke Reisgerichte immer 1 Teil Reis und 4 bis 5 Teile Flüssigkeit nehmen, die mit Trinkbecher oder Kochgeschirrdeckel leicht abgemessen werden können. Wenn der Reis gar ist, das grob zerschnittene Konservenfleisch im Gericht erhitzen und alles mit Tomatenmark abschmecken.

Ebenso zubereiten:

Z w i e b e l r e i s : Statt Tomatenmark reichlich Zwiebeln zugeben.

Reis mit Gemüsen: Fast alle Gemüse sind dazu geeignet. Rohe und getrocknete Gemüse müssen unter Beachtung der Garzeiten vorgekocht werden. Dosengemüse nur im garen Gericht erhitzen.

Teigwaren
(Nudeln, Makkaroni, Spaghetti usw.)

vor der Zubereitung ganz kurz waschen, da sie meistens verstaubt sind, in kochendes Wasser geben, einmal aufkochen und bei schwachem Feuer garziehen lassen. Einige Tropfen Essig oder Zitronensaft in das Kochwasser gegeben erhält die Teigware fester.

Die garen Teigwaren möglichst auf ein Sieb schütten und abtropfen lassen. Besonders gut schmecken sie, wenn sie dann noch in Butter oder gutem Fett angebraten werden. Geriebener Hartkäse ist zu Teigwaren eine sehr schmackhafte Beigabe.

Besonders geeignete Zubereitungsarten:

Makkaroni mit Schinken
Die Makkaroni in kochendes Salzwasser geben, aufkochen, garziehen lassen, das Wasser abgießen und mit kaltem Wasser abspülen. Vom Schinken das Fett abschneiden, mit Zwiebeln ausbraten und das übrige Fleisch in Würfel schneiden. Alles unter die trockenen Makkaroni mischen, erhitzen und mit 1 Teelöffel Tomatenmark und geriebenem Käse abschmecken.

Teigwaren als Beilage zu Fleischgerichten werden wie Makkaroni zubereitet. Statt des Schinkens etwas Butter oder Schmalz daruntermischen, damit sie nicht zusammenkleben.

Außerdem können gekochte Teigwaren auch mit brauner Butter, Tomatenmark oder frischen, gedünsteten Tomaten usw. gegeben werden.

Nudeln mit Frischfleisch und Gemüsen

Fleisch, am besten Rindfleisch oder Geflügel, und Gemüse vorkochen, Fleisch herausnehmen, warmstellen, in der Brühe die Nudeln aufkochen und garziehen lassen.

G r a u p e n

sind, nur mit Fleisch gekocht, etwas fade. Darum möglichst mit Gemüsen, Gewürzgurken, Tomaten usw. zubereiten.

Graupen können auch zur Abwechslung und Geschmacksverbesserung angeröstet werden. Hierzu die vorbereiteten Graupen in wenig Fett gelb anrösten.

Als Beilage zu Fleischgerichten Zubereitung wie „Risotto" bei längerer Garzeit.

Graupen mit Gewürzgurken

Graupen vorbereiten und in Brühe oder Wasser unter Beigabe von Zwiebeln, Suppenkräutern usw. garkochen. Bei Verwendung von frischem Fleisch dieses je nach Güte mit den Graupen zusammen ansetzen oder entsprechend vorkochen. Fleischkonserven grob zerschneiden und im garen Gericht erhitzen. Die Gewürzgurken in Würfel schneiden und unter die Graupen mischen.

Gleiche Zubereitung:

T o m a t e n g r a u p e n : Statt der Gewürzgurken mit Tomatenmark abschmecken.

Z w i e b e l g r a u p e n : Reichlich angeröstete Zwiebeln verwenden.

Außerdem Graupen mit Kartoffeln oder Paprikaschoten und anderen Gemüsen.

Süße Graupen
Zubereitung wie Milchreis bei längerer Garzeit.

G r i e ß u n d G r ü t z e
Polenta
Maisgrieß im Verhältnis 1 : 5 in kochendes Wasser einlaufen lassen und zu einem steifen Brei ausquellen. Mit Salz abschmecken und in Butter oder Fett geröstete Zwiebeln darübergeben.

Als Beilage zu Fleischgerichten usw.

Buchweizengrütze
Eine kleingeschnittene Zwiebel in Fett anrösten, 1 Teil Buchweizengrütze dazugeben, kurz mitrösten und mit 4 bis 5 Teilen Wasser oder Brühe auffüllen. Salzen und garkochen.

Als Beilage zu Fleischgerichten usw.

Getrocknete Gemüse

Vorbereitung nach Anleitung auf Seite 28, Verwendungsmöglichkeiten nach dem Einweichen wie frische Gemüse.

Für ein Kochgeschirr fertigen Essens genügt es, einen Kochgeschirrdeckel halbvoll getrockneten Gemüses und zwei Kochgeschirrdeckel voll Wasser zu nehmen, weil diese Gemüse durch reichliche Wasseraufnahme sehr ergiebig sind.

Getrocknete Gemüse als Beilage zu Fleischgerichten

Das vorbereitete Gemüse in wenig Brühe oder Wasser unter Zugabe von etwas Salz und einer kleinen geschälten, zerschnittenen und angerösteten Zwiebel garkochen. Mit Mehlschwitze oder eingerührtem Mehl binden und mit Pfeffer oder Muskat abschmecken.

Zubereitung von getrocknetem Gemüse als Eintopfgericht wie „Getrocknete Kartoffeln mit Dauerfleisch und Gewürzgurken".

Getrocknete Kartoffeln

sind lange haltbar und besonders gut für den Nachschub in warmen Ländern geeignet. Sie haben vielseitige Verwendungsmöglichkeiten und den Vorteil, daß sie „küchenfertig" sind, also Arbeit und Zeit sparen. Getrocknete Kartoffeln sind, richtig zubereitet, sehr schmackhaft und sättigend.

Nach Vorbereitung auf Seite 28 mit dem Einweichwasser kochen oder uneingeweicht in kochendes Wasser geben und garkochen.

Für ein Kochgeschirr voll fertigen Essens werden etwa ein Deckel knapp voll getrockneter Kartoffeln und zwei Deckel Wasser benötigt.

Tunkenkartoffeln

Mehlschwitze nach Seite 32 herstellen, mit Brühe auffüllen und würzen. Die gargekochten Kartoffeln in dieser Tunke noch einmal aufkochen; dann mit Tomatenmark, Gewürzgurken oder anderen würzenden Zutaten abschmecken.

Kartoffelbrei

Die Kartoffeln garkochen, durch die Fleischhackmaschine drehen oder mit einer Gabel zerdrücken und mit heißer Milch, Brühe oder Wasser gut verrühren. Mit Muskat und gerösteten Zwiebeln abschmecken.

Bratkartoffeln

Die gargekochten, abgegossenen Kartoffeln in heißem Fett unter späterer Beigabe kleingeschnittener Zwiebeln braun braten.

Kartoffelsalat

Vergleiche Seite 54.

Getrocknete Kartoffeln mit Dauerfleisch und Gewürzgurken

Den mageren Teil des Dauerfleisches in kochendes Wasser geben und langsam kochen. Während des Kochvorganges die Kartoffeln dazugeben und alles garkochen. Das Fett vom Dauerfleisch in Würfel schneiden und ausbraten, darin kleingeschnittene Zwiebeln rösten und alles in dem garen Gericht kurz aufkochen. Die Gewürzgurken in Würfel schneiden und daruntermischen.

E i e r

Jedes Ei für sich in einem kleinen Gefäß aufschlagen und nach Prüfung zu den anderen geben, sonst würden mehrere gute Eier durch ein schlechtes ungenießbar werden.

E n t e n e i e r dürfen wegen der besonders großen Gefahr der Paratyphusübertragung in keiner Form roh, sondern n u r h a r t g e k o c h t (mindestens 8 Minuten) oder in Backofenhitze durchgebacken genossen werden.

Rührei

Die Eier aufschlagen, mit Salz würzen und mit einer Gabel gut verrühren. In einer Pfanne Butter oder ausgebratenen Speck erhitzen, die Eier dazugeben und unter vorsichtigem Rühren bei gelindem

Feuer halbfest werden lassen. Rührei schmeckt auch mit vorher angedünsteten Tomaten ausgezeichnet.

Verlorene Eier

Mit Essig gewürztes Wasser kochen lassen, die vorher aufgeschlagenen, geprüften Eier vorsichtig in das Wasser geben, ohne das Eigelb zu verletzen, und garziehen lassen (etwa 3 Minuten). Dazu Tomatentunke: Etwas Brühe mit Mehlschwitze binden, durchkochen und mit Tomatenmark abschmecken oder frische Tomaten mitkochen.

Hülsenfrüchte

und Wehrmachtsuppenkonserven sollen besonders in der heißen Jahreszeit möglichst vermieden, zumindest aber eingeschränkt werden. Am bekömmlichsten sind die Hülsenfrüchte dann als Brei zubereitet.

Vorbereitung nach Anleitung auf Seite 28.

Zu Erbsen, Bohnen, Linsen eignen sich fast alle frischen oder getrockneten Gemüse, auch Kartoffeln, Gemüsekonserven in Dosen usw.

Für ein Kochgeschirr voll fertigen Essens sind ein halber Kochgeschirrdeckel Hülsenfrüchte und zwei Kochgeschirrdeckel Wasser nötig. Ein Teil des Wassers kocht bei der Zubereitung ein, so daß noch weitere Zutaten, wie Sauerkohl, Gewürzgurken oder Gemüsekonserven Platz haben.

Besonders geeignete Zubereitungsarten:

Hülsenfruchtbrei als Beilage zu Fleisch

Die Hülsenfrüchte mit so viel Wasser ansetzen, daß es übersteht und unter späterer Zugabe einiger getrockneter Kartoffeln und vorhandener Gewürze, wie Majoran, Thymian oder Bohnenkraut, garkochen. Durch die Fleischhackmaschine treiben, glattrühren und mit Salz und wenig Pfeffer abschmecken.

Erbsen mit Konservenfleisch und Paprikaschoten in Dosen

Die Erbsen ansetzen, nach dem Aufkochen sehr wenig salzen und garkochen. 20 Minuten vor dem Garwerden angeröstete Zwiebeln und Suppengemüse dazugeben. Zum Schluß das Konservenfleisch und die feingeschnittenen Paprikaschoten daruntermischen und im Gericht erhitzen.

Weiße Bohnen mit Dauerfleisch und Tomaten

Die Bohnen ansetzen. Nach dem Aufkochen den mageren Teil des Dauerfleisches und später einige getrocknete Kartoffeln dazugeben. Das abgeschnittene Fett ausbraten, darin einige kleingeschnittene Zwiebeln rösten, die in Scheiben geschnittenen Tomaten mitdünsten und kurz vor dem Garwerden in das Gericht geben. Tomaten in Dosen nur im garen Gericht erhitzen.

Linsen, süßsauer

Zubereitung wie weiße Bohnen, jedoch ohne Tomaten. Im Deckel etwas Zucker bräunen, mit Essig oder wenig Wasser abkochen und damit die Linsen, auch unter Verwendung von Zitronensaft, süßsauer abschmecken.

Die genannten Zubereitungsarten können auch untereinander ausgetauscht werden.

Wehrmachtsuppenkonserven
(vgl. Hülsenfrüchte)

zerbröckeln und in lauwarmem Wasser unter Beachtung der auf der Packung mitgegebenen Anweisung anrühren und kochen.

Wehrmachtsuppenkonserven möglichst mit Gemüsen, Kartoffeln usw. zusammenkochen, obwohl sie auch ohne jeden Zusatz gut schmecken. Beim Ansetzen dieser Zutaten das Anrührwasser für die Wehrmachtsuppenkonserve berücksichtigen. Geschmacksverbessernd ist die Beigabe von gerösteten Brot- und Speckwürfeln, die zum Schluß an das gare Gericht gegeben werden.

Wehrmachtsuppenkonserven sind bereits gewürzt; auch Salzen ist nicht mehr erforderlich.

3. Süße Speisen

Verwendung von kondensierter Milch:

Kondensierte Milch muß ebenso wie alle anderen Konserven nach dem Öffnen der Dosen geprüft und sofort verbraucht werden. Hat die Milch eine Verfärbung angenommen oder einen leicht bitteren Geschmack, so muß sie weggeworfen werden. Steht kein Dosenöffner, besonders für dicke, gezuckerte Milch zur Verfügung, mit einem sauberen, spitzen Gegenstand zwei gegenüberliegende Löcher in den Deckel schlagen. Die Dosen restlos entleeren, wenn nötig, mit abgekochtem Wasser ausspülen.

Die Milch kann mit 1 bis 2 Teilen Wasser, das ebenfalls abgekocht sein muß, verdünnt werden.

Gezuckerte Milch nur zu Süßspeisen verwenden.

Vanillepudding

Etwa 25 bis 30 g Pulver auf ¼ l Flüssigkeit.

Bei Verwendung von Dosenmilch das Puddingpulver mit der Milch, sonst mit Wasser, im Deckel kalt anrühren. Das an der Gesamtflüssigkeitsmenge fehlende Wasser im Kochgeschirr mit Zucker zusammen aufkochen und das angerührte Pulver unter Umrühren in das Wasser geben. Aufkochen, einige Minuten durchkochen, in kalt ausgespülte Gefäße geben und erkalten lassen. Zur Abwechslung mit verschiedenen Zugaben, wie Mandeln oder geraspelter Kokosnuß, Früchten oder Kakao usw., zubereiten.

Dazu Fruchttunke aus frischen Früchten, in Zuckerwasser aufgekocht, oder Marmelade, Apfelpulver oder Fruchtsäften, mit abgekochtem Wasser verdünnt.

Reisspeise

Den Reis in etwa 2 Teile kochendes Wasser schütten, garkochen und 1 bis 2 Teile Dosenmilch in den noch kochenden Reis geben. Mit Zucker abschmecken. Zur Geschmacksverbesserung können Zitronen- oder Orangenschalen, abgerieben oder dünn abgeschält, mitgekocht werden. In kalt ausgespülte Gefäße füllen und abkühlen lassen. Früchte oder in Zuckerwasser gekochter Kürbis bieten reichhaltige Abwechslungsmöglichkeiten.

Ebenso zubereiten:

G r i e ß f l a m m e r i : 1 Teil Grieß auf 4 Teile Flüssigkeit.

Als Grieß kann Weizen- oder Maisgrieß verwendet werden.

Dazu Fruchttunke wie beim Pudding.

Kuchen aus Reis und Mehl

Unter die oben beschriebene Reisspeise etwas Mehl mischen, locker verarbeiten, aus der Masse kleine, flache Kuchen formen und in heißem Fett auf beiden Seiten hellbraun braten.

Die Masse kann durch Zugabe von Eiern noch verbessert werden.

Als Beigabe sind Marmelade, Fruchtsaft, Obstkonserven usw. geeignet.

Maisgrießpfannkuchen

Gekochten, etwas abgekühlten Maisgrieß mit Milch und ein bis zwei Eiern zu einem dickflüssigen Teig verrühren und mit Zucker und abgeriebener Zitronenschale abschmecken. In einer Pfanne mit heißem Fett kleine flache Kuchen braten und mit Obst oder Marmelade wie Kuchen aus Reis anrichten.

Gleiche Zubereitung:
>Buchweizenpfannkuchen,
>Hafergrützepfannkuchen.

Kaltschale aus Puddingpulver

Etwa 30 bis 40 g Pulver auf 1 l Flüssigkeit (halb Milch und halb Wasser).

Wasser kochen lassen, das in der Milch angerührte Puddingpulver dazugeben und aufkochen. Mit Zucker abschmecken, erkalten lassen.

Aus Obst

Das gewaschene und gesäuberte Obst in kochendes Zuckerwasser geben und mit Zitronenschale und wenig Stangenzimt würzen. Mit etwas Puddingpulver, Kartoffel- oder Reismehl binden, aufkochen und erkalten lassen.

Aus Marmelade, Fruchtsaft oder Fruchtpulver

Wasser mit Zitronenschale aufkochen, je nach Bedarf mit etwas Kartoffelmehl oder Puddingpulver binden und erkalten lassen. Fruchtsaft dazugeben. Marmelade und Fruchtpulver erst mit wenig abgekochtem Wasser verdünnen und dann mit dem übrigen vermischen.

Kaltschalen aus Obst, Marmelade usw. können mit Wein verbessert werden.

4. Verbesserung der kalten Kost

Zur Anregung des Appetits, der durch Einwirkung der großen Hitze oft stark zurückgeht, soll die kalte Kost recht schmackhaft zubereitet werden.

Die folgenden Anleitungen können durch eigene Zusammenstellungen vielseitig verändert werden. Die Mengen sind für fünf Mann berechnet.

Brotaufstrich aus Fleischkonserven

300 g Rindfleisch in Dosen,
100 g Tomatenmark,
100 g Ölsardinen.

Fleisch und Sardinen fein hacken. Alle Zutaten miteinander pastenartig verarbeiten. Ist die Masse zu trocken, etwas Butter, Margarine oder Öl zugeben.

Gleiche Zubereitung:
100 g Rindfleisch } in Dosen,
200 g Leberwurst
100 g Gewürzgurken,
100 g geröstete Zwiebeln.

Fleischsalat

400 g Fleischkonserven,
200 g Tomaten, frisch oder in Dosen, auch Paprikaschoten,
100 g Zwiebeln,
Essig, Öl, Salz, Pfeffer.

Das Fleisch etwas zerschneiden und mit den zerschnittenen Tomaten, den kleingeschnittenen Zwiebeln und den übrigen Zutaten zu einem Salat vermischen.

Kalter Fleischklops mit Kartoffelsalat

Herstellung der Klopse aus Frisch- oder Konservenfleisch wie auf Seite 35 beschrieben.

Zum Kartoffelsalat Frischkartoffeln in der Schale kochen, pellen und in Scheiben schneiden oder statt dessen getrocknete Kartoffeln garkochen.

Eine Marinade aus Wasser, Essig oder Zitronensaft herstellen, mit Salz, Pfeffer, kleingeschnittenen Zwiebeln würzen, aufkochen und über die Kartoffeln gießen. Etwas schütteln, bis der Salat Bindung hat, und mit wenig Öl verbessern.

Fleisch- und Wurstkonserven

werden durch Anbraten und Mitrösten von kleingeschnittenen Zwiebeln und Tomaten besonders appetitlich.

Ölsardinensalat

Die Sardinen mit Zitronensaft, 200 g kleingeschnittenen Zwiebeln, 200 g frischen Tomaten oder 20 g Tomatenmark zu einem Salat vermischen.

„Ölsoldaten" (Sardinen nach Afrikanerart)

Ölsardinen im eigenen Öl unter Mitrösten kleingeschnittener Zwiebeln braten. Etwas Zitronensaft darüberträufeln.

Ölsardinen wie Bratheringe

Ölsardinen braten und in ein Gefäß legen. Mit einer aufgekochten Marinade aus Essig, Zwiebeln, Salz, Pfeffer, Lorbeerblatt und Gewürzkörnern bedecken.

Thunfisch in Öl kann ebenso vielseitig wie Ölsardinen zubereitet werden.

Käse

Hartkäse ist gerieben eine schmackhafte Beigabe zu allen kräftigen Gerichten. Ganz besonders ist geriebener Käse zum Würzen von Teigwaren geeignet, auch wenn diese als Beilage zu Gulasch und anderen Gerichten gegeben werden. Außerdem ergibt geriebener Hartkäse mit Butter verrührt und mit würzenden Zutaten (wie bei Schmelzkäse angegeben) abgeschmeckt, einen sehr guten Brotaufstrich.

Ist Hartkäse nicht allzu trocken, kann er auch in feine Streifen geschnitten und mit Essig oder Zitronensaft, Öl und gehackten Zwiebeln zu einem schmackhaften Salat bereitet werden.

Schmelzkäse (in Dosen oder in Tuben) zur Abwechslung und Geschmacksverbesserung — wenn vorhanden, mit etwas Butter verrühren — mit verschiedenen Zutaten, wie Paprika, Tomatenmark, Gewürzgurken, Hefeextrakt, Kümmel, gehackten rohen Zwiebeln usw., abschmecken.

Käsepulver eignet sich ebenso wie geriebener Hartkäse als Beigabe zu Teigwaren und anderen Gerichten.

1 Teil Käsepulver ergibt, mit 1½ Teilen Wasser angerührt, einen streichfähigen Käse, der wie „Schmelzkäse" mit verschiedenen würzenden Zutaten abgeschmeckt werden kann.

Brotaufstrich aus Bratlingspulver

50 g Fleisch oder Fisch mit Suppenkräutern oder Zwiebeln in ¼ l Wasser halb garkochen, alles herausnehmen und durch die feine Scheibe der Fleischhackmaschine drehen oder ganz fein hacken. Statt Frischfleisch kann auch Konservenfleisch verwendet werden (nicht kochen!). In die kochende Brühe (¼ l) 150 g Bratlingspulver geben, ausquellen und abkühlen lassen.

Bratlingsmasse und das gehackte Fleisch mit 75 g Fett mischen und möglichst mit einem Schneebesen, einer Gabel oder dgl. kräftig schlagen, bis die Masse hell wird.

Als Geschmackszugabe sind Tomatenmark, Zwiebeln, Senf und andere würzende Zutaten geeignet, so daß der Aufstrich vielseitig abgeändert werden kann.

Brotsuppe

Mit gerösteten Zwiebeln: 250 g (etwa ⅙ Kommißbrot) Brot in Würfel schneiden und 1 bis 2 Stunden mit wenig Wasser einweichen. Etwas Brühe dazugeben und gut durchkochen. Dann durch ein Sieb geben oder gut verrühren und mit Salz und 1 bis 2 kleingeschnittenen und in Fett gerösteten Zwiebeln abschmecken.

Süß: 250 g Brot wie oben einweichen. Mit Fruchtstückchen, Zitronenschale, Zimt und Wasser garkochen und durch ein Sieb geben oder gut verrühren. Mit Zucker und wenig Salz abschmecken.

Brotscheiben können zur Geschmacksverbesserung etwas angeröstet werden.

5. Getränke

spielen in heißen Gegenden wegen des gesteigerten Durstgefühls eine besondere Rolle.

Abgekochtes Wasser oder Mineralwasser mit Zitronen- oder anderen Fruchtsäften löschen den Durst sehr gut, noch besser aber dünner Tee mit Zitronensaft ohne Zucker.

Bei Magen- und Darmkrankheiten ist Pfefferminztee am bekömmlichsten, Kaffee zu meiden.

Zu kalte Getränke sind schädlich und rufen nach kurzzeitiger Löschung eine Verstärkung des Durstes hervor.

Alkoholische Getränke nach Möglichkeit vermeiden, weil sie die Widerstandskraft gegen die Hitze schwächen. Wein und Bier in kleinen Mengen darum nur nach Sonnenuntergang genießen und schwere Weine verdünnen.

Kühlen der Getränke ist in einfacher Weise so möglich, daß die Gefäße mit feuchtem Tuch umwickelt und unter öfterem Anfeuchten dem Luftzug ausgesetzt werden.

Kaffee, Tee, Kakao

Kaffee und Tee aus einwandfreiem Wasser wie üblich zubereiten.

K a f f e e : Ungefähr drei bis vier Eßlöffel Kaffee auf ein Kochgeschirr voll fein mahlen oder stoßen und mit kochendem Wasser überbrühen, einige Minuten ziehen lassen und von dem Satz abgießen, der unter Umständen noch ein zweites Mal aufgebrüht oder aufgekocht werden kann.

T e e , auf ein Kochgeschirr einen Teelöffel voll, mit kochendem Wasser überbrühen, einige Minuten ziehen lassen und abgießen, weil darin verbleibende Teeblätter bitteren Geschmack erzeugen.

Kaffee und Tee aus salzigem Wasser möglichst heiß und etwas gezuckert ausgeben. Lauwarm sind diese Getränke fast ungenießbar. Zitronensaft zum Tee verbessert ebenfalls den unangenehmen Geschmack.

K a k a o in Wasser einrühren, in kochendes Wasser geben und aufkochen. Dann erst die kondensierte Milch dazugeben, die sonst gerinnen würde.

Beschlagene oder angegraute Schokolade kann gerieben und zu Kakao, aber auch zu Süßspeisen verwendet werden.

Getränke aus Wein

K a l t e   E n t e : Wein mit abgekochtem, kaltem Wasser verdünnen und mit Zitronensaft, Fruchtsirup usw. abschmecken. Einige Zitronen in Scheiben schneiden und dazugeben.

Glühwein: Ein Teil Wein und ein Teil Wasser mit Zucker, Zitronensaft und -schale, einigen Nelken und ein wenig Stangenzimt aufkochen.

6. Backen von Brot

Brot kann behelfsmäßig im Kochgeschirr in heißer Asche mit Sauerteig oder mit Backpulver gebacken werden. Das Kochgeschirr reicht zum Backen von Broten bis 750 g, also dem halben Gewicht des Kommißbrotes, aus. Es wird angeraten, das Brot für die ganze Verpflegungsgemeinschaft gleichzeitig herzustellen, weil dadurch die Zutaten besser ausgenutzt werden und weniger Zeit nötig ist.

Die Mengen in den nachfolgenden Backrezepten sind für ein Brot von etwa 750 g berechnet.

Brot mit Sauerteig

2 Kochgeschirrdeckel gestrichen voll Roggen- oder Weizenmehl,
soviel lauwarmes Wasser, daß ein mittelfester Teig entsteht,
½ Teelöffel Salz, das bei Verwendung von salzigem Wasser fortfällt.

Die Mehlmenge für die Herstellung des Sauerteiges beträgt knapp die Hälfte der Gesamtmehlmenge.

Dieses Mehl mit etwas lauwarmem Wasser zu einem nicht zu festen Teig verarbeiten und mehrere Stunden im Kochgeschirr warm zugedeckt zur Gärung an einen warmen Ort von 25 bis 30 Grad Celsius stellen. Sehr ratsam ist die Zugabe von etwas gegorenem Palmwein zum Sauerteig, weil dadurch die Gärung begünstigt wird.

Zeigt der Sauerteig auf der mit Mehl bestreuten Oberfläche Risse und riecht beim Aufreißen angenehm sauer, so ist er gebrauchsfertig. Alsdann das restliche Mehl mit dem Sauerteig und Wasser in einem Gefäß oder auf einer festen Unterlage zu einem mittelfesten Teig kräftig durchkneten, zu Broten von etwa ¾ Kochgeschirrlänge teilen und noch einmal zur weiteren Lockerung etwa 1 bis 2 Stunden an einen warmen Platz stellen.

Das Kochgeschirr mit Mehl ausstäuben oder einfetten, das eingemehlte Brot flach in das Kochgeschirr legen, den Deckel vorsichtig aufstülpen, mit Griff festklammern und flach zum Feuer tragen.

Zum Ausbacken ein Feuer, das mindestens zwei Stunden gebrannt hat, benutzen. Vor Einlegen des Kochgeschirrs die Glut abräumen, Kochgeschirr flach auf den heißen Erdboden legen und mit heißen Aschenresten und glühenden Holzkohlen zudecken. Zu starke Kohlenglut kann durch Bestreuen mit trockenem Sand gedämpft werden. Das Kochgeschirr darf nicht gekantet werden, da das Brot sonst an den Seiten festklebt oder anbrennt.

Backzeit etwa 1¼ bis 1½ Stunden.

Das Brot ist gar, wenn an einem in das Brot hineingesteckten und wieder herausgezogenen Holzspan kein Teig mehr klebt.

Brot nach einhalbstündigem Abkühlen vorsichtig aus dem Kochgeschirr herausnehmen.

Brot mit Backpulver

2 Kochgeschirrdeckel gestrichen voll Roggen- oder Weizenmehl,
1 Kochgeschirrdeckel gut halb voll kalten Wassers,
1 Päckchen Backpulver,
½ Teelöffel Salz, das bei Verwendung von Salzwasser fortfällt.

Mehl auf eine Tischplatte oder ähnliche feste Unterlage schütten, Backpulver und Salz dazugeben und alles gut vermischen.

In dieses Gemisch eine Vertiefung drücken und soviel kaltes Wasser langsam hineingeben, bis bei der Vermengung ein mittelfester Teig entsteht, der nicht breiig, aber auch nicht zu fest sein soll.

Aus diesem Teig ein Brot von ¾ Kochgeschirrlänge formen.

Das Brot in Mehl kehren, flach in das mit Mehl ausgestäubte oder eingefettete Kochgeschirr legen, den

Deckel vorsichtig aufstülpen, flach zum Feuer tragen und in glimmender Holzkohle ausbacken. Ausbacken, Garprobe und Herausnehmen des Brotes wie beim Backen mit Sauerteig.

7. Krankenkost

Die richtige Ernährung der Kranken ist in warmen Ländern besonders wichtig. Die nachstehenden Kochrezepte sind nur Winke für die Zubereitung. Der Truppenarzt entscheidet, welche Gerichte der Kranke erhält.

Suppen

Gemüsesuppe

100 bis 200 g Gemüse in gut ¼ l Brühe oder Wasser garkochen, mit Mehlbutter oder in Wasser eingerührtem Mehl binden, mit wenig Salz abschmecken und mit etwas Milch verbessern. Statt Mehl können auch Kartoffeln, Grieß, Kartoffelmehl, Weißbrot usw. zur Bindung verwendet werden.

Herstellung der Mehlbutter: 1 Teil Mehl und 1 Teil Butter miteinander wie einen Kuchenteig verarbeiten. In etwa haselnußgroßen Stückchen in die Suppe geben, glattrühren und durchkochen lassen.

Mehlsuppe

Von knapp ½ l Wasser etwas abnehmen, darin etwa 20 bis 30 g Mehl einrühren und beiseitestellen.

Das restliche Wasser kochen lassen, das angerührte Mehl dazugeben, glattrühren und etwa 5 Minuten durchkochen. Die Suppe vom Feuer nehmen und mit wenig Salz und etwas Butter abschmecken.

Gleiche Zubereitung:

Grütze \
Reis } Vorheriges Einrühren ist nicht erforderlich. Längere Garzeit beachten.
Graupen /

Grieß } Bei kleinen Mengen ist Einrühren ebenfalls nicht erforderlich.
Haferflocken /

Diese Suppen können auch mit Milch zubereitet werden. Statt mit Salz mit Zucker abschmecken und etwas Zitronenschale mitkochen.

Vanillesuppe

25 bis 30 g Puddingpulver,
knapp ½ l Milch oder Milch mit Wasser,
etwa 20 g Zucker.

Bei Verwendung von Dosenmilch damit das Pulver anrühren, das an ½ l Flüssigkeit fehlende Wasser aufkochen, das eingerührte Pulver dazugeben und durchkochen.

Abwechslungsmöglichkeiten durch:
Geriebene Schokolade (auch beschlagene oder angegraute),
Früchte, Mandeln,
geriebene Kokosnüsse usw.

Breie

Grießbrei

Bei Zubereitung in kleinen Mengen — größere Mengen wie bei Mehlsuppen vorher einrühren — etwa 80 bis 100 g Grieß in ½ l kochendes Wasser oder Brühe geben, aufkochen und etwa 10 Minuten quellen lassen.

Zum Schluß etwas Butter daruntermischen oder zerlassen darübergeben und mit wenig Salz abschmecken.

Gleiche Zubereitung mit
Haferflocken ⎫
Reis   ⎬ wie bei Mehlsuppen.
Grütze   ⎭

Breie unter Verwendung von Milch mit Zucker und abgeriebener Zitronenschale abschmecken.

Zur weiteren Verbesserung ein Eigelb oder auch ein ganzes Ei leicht zerschlagen und unter den nicht mehr kochenden Brei mischen.

Abwechslungsmöglichkeiten wie bei Vanillesuppe.

Gemüse

Zubereitung der Gemüse nach den Anleitungen auf den Seiten 73 bis 83 nach Weisung des Truppenarztes.

Weitere Gerichte für Reis, Teigwaren, Graupen usw. können unter Anleitung des Truppenarztes nach den entsprechenden Abschnitten zubereitet werden.

Die besonderen Kochverhältnisse in den einzelnen Gebieten

Der nachstehende Abschnitt zeigt die Eigentümlichkeiten der Ernährung in den einzelnen Gebieten und Zubereitungsarten für die dort anfallenden Landesprodukte.

Der erste Teil berücksichtigt Nordafrika und ähnliche Gebiete. Je nach Bedarf werden weitere Teile folgen.

I. Nordafrika
(Libyen und ähnliche Gebiete)

In Nordafrika und ähnlichen Gebieten besteht ein großer Unterschied zwischen der Winter- und Sommerverpflegung. Während im Winterhalbjahr (1. 11. bis 14. 4.) das Essen ungefähr der bisher gewohnten Ernährungsweise angeglichen werden kann, muß im Sommer (15. 4. bis 31. 10.) die Kost wie in allen warmen und heißen Ländern besonders leicht und bekömmlich sein. Die warme Mittagskost wird dann am besten abends eingenommen. Die kalte Kost (Brotaufstrich, Wurst, Käse usw.) soll möglichst morgens ausgegeben werden, weil die Lebensmittel dann durch die Nachtkühle fest geworden sind, sich leichter in Portionen teilen lassen und so dem Mann besser schmecken als in weichem oder fast aufgelöstem Zustande. Mittags sind dann kalte Süßspeisen am beliebtesten, wie verschiedene Kaltschalen, ferner Pudding, Reisspeise, Grießbrei usw. mit Obstkonserven, gekochtem Trockenobst oder frischen Früchten.

Die Einteilung der Essenausgabe muß aber trotzdem immer den örtlichen Verhältnissen und dem einzelnen Bedarf angepaßt werden.

1. Fleisch
Haustiere
(Rinder, Hammel, Schweine, Kamele [Dromedare] usw.)

Für Ankauf, Schlachtung und Verarbeitung der Haustiere enthalten die einzelnen Abschnitte des allgemeinen Teils die entsprechenden Anleitungen. Für Rind-, Hammel-, Schweine- und Kamelfleisch eignen sich die Zubereitungsarten

„Gekochtes Fleisch",

„Schmorbraten",

„Gulasch" (auch mit Paprikaschoten, Kürbis oder anderem Gemüse),

„Klopse"

u. a. sehr gut. Auch Marinieren und Zubereitung als Sauerbraten (Rind, Hammel, Kamel) ist ratsam.

Schweinefleisch schmeckt besonders gut mit Sauerkohl, Krautsalat, Kürbisgemüse usw.

Von Hammel- und Schweinerücken oder -schinken können Scheiben geschnitten und wie „gebratene

Fleischscheiben" als Kotelett bzw. Schnitzel zubereitet werden. Von gutem Rindfleisch können aus dem hinteren Rücken (Roastbeef) Scheiben geschnitten und wie oben als Rumpfstück zubereitet werden.

Für Hammelfleisch werden nachstehend einige besondere Zubereitungsarten erwähnt:

Hammelragout

Hammelfleisch (Blätter, Rücken, Keule) in Würfel schneiden, salzen und pfeffern und in Fett mit kleingeschnittenen Zwiebeln anbraten. Zerschnittene Tomaten und eine Zehe Knoblauch mitrösten, mit etwas Wasser auffüllen und garschmoren. Mit Mehlschwitze oder eingerührtem Mehl binden, durchkochen und abschmecken.

Hammelbraten, wie Wild zubereitet

Hammelkeule, unter Umständen auch Blatt und Rücken, einen Tag in eine Marinade (Seite 25) einlegen, die Keule hierzu auslösen.

Herausnehmen, abtropfen, in heißem Fett anbraten und einige Zwiebeln mitrösten. Mit wenig Wasser auffüllen, 1 Gewürzkorn und ¼ Lorbeerblatt dazugeben und das Fleisch garschmoren. Das gare Fleisch herausnehmen, die Tunke mit Mehl wie oben binden, mit Salz, Pfeffer und etwas Dosenmilch abschmecken. Das Fleisch noch kurz in der Tunke ziehen lassen.

Statt der auf Seite 25 angegebenen Essigmarinade kann auch folgende verwendet werden (Mengenangabe für etwa 2 l Marinade):

Kleingeschnittene Suppengemüse und Zwiebeln in ¼ l Öl anrösten, 6 Pfefferkörner, 1 Lorbeerblatt, 2 Nelken, Wacholderbeeren und wenig Basilikum (je nach Vorhandensein), 1½ l Weißwein (statt dessen auch 1½ l Rotwein) und ¼ l Essig dazugeben und langsam ½ Stunde kochen.

Vor der Verwendung abkühlen lassen.

Wenn möglich (z. B. in festen Standquartieren), kann Hammelbraten ebenso wie Ziegenbraten und Rücken von zahmen und wilden Kaninchen vor der Zubereitung auch mit Senf eingerieben, in Blätter (z. B. von Papaya) eingepackt und 24 bis 48 Stunden mindestens 75 cm tief vergraben werden. Nach dem Herausnehmen und Säubern wie oben zubereiten.

Wild

(Gazellen, Antilopen, Damhirsch, Stachelschwein, ägyptischer Hase u. a.) kommt in Nordafrika sehr selten vor, Bestände daher möglichst schonen.

Nach Seite 26 vorbereiten und wie
"Schmorbraten",
"Hammelbraten wie Wild"
oder als Ragout zubereiten. Hierzu das Fleisch in

Stücke schneiden, nach Seite 25 marinieren und nach dem Kochrezept „Hammelbraten wie Wild" zubereiten.

Junges Wild, besonders Gazellen und Antilopen, eignen sich auch zum „Braten am Spieß".

2. Frischobst und Frischgemüse

werden in den meisten Fällen nicht zur Verfügung stehen, da der Nachschub dieser Lebensmittel schwierig ist. In fruchtbaren Gegenden gibt es aber Obst und Gemüse, für die nachstehend einige Zubereitungsarten für Feldküche und kleine Kochgruppen aufgeführt werden.

Neben diesen Zubereitungsarten können fast alle Gemüse in den verschiedenen Zusammenstellungen als Eintopfgerichte zubereitet werden. Hierzu das Gemüse putzen, zerschneiden und garkochen. Bei der Verwendung von Frischfleisch das Fleisch entsprechend vorkochen und das Gemüse später dazugeben. Als Anhalt für die Zubereitung von Gemüseeintöpfen werden einige Zubereitungsarten am Schluß dieses Abschnittes aufgeführt.

Bananen

Unreife Bananen schälen, halbieren und in Butter braten. Besonders gut schmecken sie mit Spiegeleiern zusammen gebraten.

Die Bananen können auch mit der Schale in Salzwasser gargekocht, abgezogen und mit Salz und gerösteten Zwiebeln als Kartoffelersatz genossen werden.

Zu Milchreis und süßer Reisspeise schmecken reife Bananen besonders gut. Schälen, in Scheiben schneiden und kurz vor dem Garwerden unter den Reis mischen.

Bataten (patati dolci, Süßkartoffeln)

werden wie Kartoffeln zubereitet. Am besten in der Schale kochen, pellen, in Scheiben schneiden, salzen und in Fett unter späterer Zugabe von Zwiebeln braten.

Auch ist die Verarbeitung zu Brei möglich. Hierzu die gekochten und zerdrückten Bataten mit Salz und in Fett gerösteten Zwiebeln verrühren.

Eierfrüchte (melanzani, Auberginen)

sind melonenförmige, tiefviolette Früchte, die an kleinen Sträuchern wachsen

Gekocht: Fleisch, möglichst vom Hammel, in walnußgroße Stücke schneiden, mit Zwiebeln anbraten, etwas Wasser auffüllen und kochen lassen. Eine kleine Eierfrucht schälen, in Stücke schneiden, möglichst anbraten und mit zerschnittenen, abgeschälten Tomaten dazugeben. Mit Salz und wenig Pfeffer würzen und alles garkochen.

G e b r a t e n : Die Früchte schälen, in etwa ½ cm dicke Scheiben schneiden, einsalzen und eine halbe Stunde stehenlassen. Dann in Mehl und verrührtem Ei oder angerührter Vollsoja wenden und in Öl auf beiden Seiten braun braten.

G e r ö s t e t : Die vorbereiteten Früchte vierteln, in Scheiben schneiden und einsalzen. Kleingeschnittene Zwiebeln in Fett rösten, Melanzani und Tomaten zu gleichen Teilen dazugeben und scharf anrösten.

G e f ü l l t : Die Früchte halbieren und aushöhlen. Das Fruchtfleisch mit rohem oder gekochtem Hackfleisch vermischen und mit Gewürzen abschmecken. Mit dieser Masse die Früchte füllen und in Butter oder gutem Fett gardünsten.

A l s S a l a t : Melanzani schälen, halbieren oder vierteln und in Scheiben schneiden. Je nach Beschaffenheit kurz abwellen oder roh mit Essig oder Zitronensaft, Salz, Pfeffer, Öl und reichlich kleingeschnittenen Zwiebeln anmachen.

Erdnüsse

E r d n u ß s u p p e : Die reifen Nüsse rösten und schälen. In Brühe geben und kochen lassen. Kleingeschnittene Zwiebeln anrösten, dazugeben und alles garkochen. Zum Schluß durch ein Sieb treiben und mit Salz abschmecken.

Außerdem eignen sich Erdnüsse gehackt als Beigabe zu süßen Speisen aus Reis, Grieß usw.

Fenchel (finocchi)

Die Knollen des Fenchels schmecken gekocht und mit einer kräftigen Gulasch- oder Rotweintunke gegeben, ausgezeichnet. Sie verlieren beim Kochen den anisähnlichen Geschmack fast ganz und eignen sich auch zu einzelnen Eintopfgerichten aus Möhren oder Kohl. Falls erforderlich, vor der Zubereitung kurz abwellen.

Als G e m ü s e putzen und in Salzwasser garkochen. Dazu eine kräftige Schmorbratentunke mit Rotwein, Gulaschtunke, zerlassene Butter oder weiße Tunke mit Zitronensaft geben.

Zu Eintopfgerichten wie anderes Gemüse behandeln.

Kürbis (zucca)

eignet sich als Kompott, aber auch zum Mitkochen in Gulasch, Eintopfgerichten, Milchreis usw. Vor der Zubereitung zerteilen, entkernen, schälen und in kleine Stücke schneiden.

Als G e m ü s e : Garkochen und mit in Fett gerösteten Zwiebeln, ausgebratenem Speck, Salz und

Gewürz kräftig abschmecken, zerstampfen oder mit Mehlschwitze binden.

Kürbis auf ungarische Art: Die Kürbisstücke mit Salz und Kümmel bestreuen und einige Stunden stehen lassen. In wenig Fett eine kleingeschnittene Zwiebel und einen Eßlöffel Mehl anrösten, mit wenig Wasser auffüllen und glattrühren. Die Kürbisstücke dazugeben, mit etwas Paprika würzen und garkochen. Zum Schluß mit etwas Dosenmilch und Zitronensaft abschmecken.

Zu Gulasch und Eintopfgerichten in kleine Würfel schneiden und etwa 30 bis 45 Minuten vor Garwerden des Gerichtes dazugeben.

Als Kompott in Zuckerwasser mit etwas Essig, Ingwer, Zimt oder Nelken garkochen.

Maiskolben

von den Blättern befreien, säubern und in Salzwasser kochen oder in Butter dünsten. Gekocht mit zerlassener Butter oder Tunke anrichten.

Die Kolben können auch ohne Entfernung der Blätter an einem Stock über einem Feuer geröstet werden.

Die grünen Körner können auch als Gemüse zubereitet werden. Eine kleingeschnittene Zwiebel in Fett gelb rösten, grüne Maiskörner und zerschnittene

Tomaten zu gleichen Teilen dazugeben und unter Zugabe von wenig Salz und Pfeffer gardünsten.

Palmkohl

Der innere, ganz weiße, weiche und nicht blätterige Teil der 4 bis 6 Jahre alten Palme kann sehr gut als Gemüse genossen werden. Der Schaft des umgehauenen Baumes wird hierzu ausgehöhlt, in Stücke geschnitten und in leichtem Salzwasser gargekocht.

Dann eine Mehlschwitze herstellen, mit etwas Kohlwasser auffüllen und durchkochen. Diese Tunke mit Zitronensaft abschmecken und darin das abgegossene Gemüse ziehen lassen.

Paprikaschoten (peperoni)

sind ein ausgezeichnetes Gemüse und schmecken nach richtiger Vorbereitung nicht scharf.

Zum Füllen den Stiel herausschneiden, die Frucht sauber aushöhlen und auswaschen. Zur Verwendung als Gemüse halbieren, den Stiel herausschneiden und die Kerne herauskratzen. Auswaschen und in Streifen schneiden. Die Kerne müssen sauber entfernt werden.

Mit Fleischfüllung: Die zum Füllen vorbereiteten Schoten mit Hackfleisch aus Frisch- oder Konservenfleisch füllen und in gefetteter Pfanne garschmoren. Tomatentunke dazugeben.

Mit Reisfüllung: Mit Risotto, der mit Tomatenmark abgeschmeckt wurde, füllen und wie oben zubereiten.

Als Gemüse: Kleingeschnittene Zwiebeln in Fett anrösten, die nach obenstehender Anleitung vorbereiteten Schoten dazugeben, kurz mitrösten, mit wenig Wasser auffüllen, salzen und gardünsten. Möglichst mit Mehlschwitze oder angerührtem Mehl binden und mit Tomatenmark abschmecken.

Als Salat: Vorbereitete Paprikaschoten, wenn erforderlich mit Wasser überbrüht, Tomaten und Zwiebeln zu gleichen Teilen in Scheiben schneiden und mit Essig oder Zitronensaft, Salz und Öl anmachen.

Die Paprikaschoten eignen sich außerdem zu fast allen Eintöpfen, Gulasch usw. Hierzu die Schoten als Gemüse vorbereiten und in angemessenem Verhältnis zu anderen Gemüsen, Kartoffeln, Hülsenfrüchten, Gulasch usw. etwa 30 Minuten vordünsten bzw. mitkochen.

Paprikaschoten in Dosen sind ebenso vielseitig verwendbar wie frische. Zerschneiden und im garen Gericht erhitzen, ohne mitzukochen. Sie eignen sich außerdem kalt als Brotbelag.

Stengel- oder Blattkohl (cavolo)

Den Kohl putzen, in Stücke schneiden und möglichst in Fett unter Beigabe kleingeschnittener Zwiebeln andünsten. Mit wenig Brühe oder Wasser auffüllen und unter Zugabe von etwas Salz und Pfeffer garkochen.

Tomaten (pomodori)

G e f ü l l t : Größere Tomaten halbieren und die Hälften aushöhlen. Mit gehacktem Fleisch (Frisch- oder Konservenfleisch oder auch Fleischresten), das mit feingehackten Zwiebeln, Salz und Pfeffer gewürzt und mit dem gedünsteten Fruchtfleisch vermischt wird, füllen und in wenig Fett gardünsten. Die Tomaten können statt dessen auch mit Reis, gehackten Sardinen oder anderem gefüllt werden.

G e m ü s e : Die Tomaten möglichst abziehen. Hierzu die Früchte einschneiden, mit kochendem Wasser überbrühen und abziehen. Eine kleingeschnittene Zwiebel in Fett anrösten, die zerschnittenen Tomaten dazugeben und gardünsten lassen.

T o m a t e n   m i t   F l e i s c h : Hammel- oder Rindfleisch in walnußgroße Stücke schneiden und in Fett mit kleingeschnittenen Zwiebeln anbraten. Etwas Wasser auffüllen und unter Zugabe von Salz garschmoren. Einige Tomaten, etwa die gleiche Menge wie Fleisch, abziehen, kurz vor dem Garwerden des Fleisches dazugeben und noch etwa 20 Minuten mitschmoren.

Salat: Die nach Anleitung auf Seite 21 vorbereiteten Tomaten in Scheiben oder Viertel schneiden und mit Essig, Öl, Salz und Pfeffer abschmecken.

Außerdem sind Tomaten als Beigabe zu allen kräftigen Gerichten (Schmorbraten, Gulasch, Eintöpfe usw.) geeignet.

Weißkohl (cavolo bianco)

Krautsalat (von Weiß-, Wirsing- oder Rotkohl): Den geputzten, geviertelten und in feine Streifen geschnittenen Kohl in kochendem Salzwasser kurz abwellen, abgießen und auskühlen lassen. Dann mit Essig, Öl, feingeschnittenen Zwiebeln anmachen und mit Salz, Pfeffer und Kümmel abschmecken.

Auch Sauerkohl kann so als Salat zubereitet werden. Den rohen Sauerkohl hacken und unabgewellt wie Krautsalat anmachen. Sehr schmackhaft ist die Beigabe von geschälten, feingeschnittenen Äpfeln oder Gurken.

Zwergkürbisse (zucchini)

sind gurkenähnliche Früchte und wie Gurken, aber auch wie Kürbis verwendbar.

Geschmort: Die Zucchini schälen, halbieren, entkernen, mit ganz wenig Wasser unter Beigabe von Salz und einigen Nelken gardünsten. Aus Fett, Zwiebeln und Mehl eine Mehlschwitze herstellen und damit das Gemüse binden. Zucker bräunen, mit Essig ablöschen, glattrühren, dem Gericht zugeben und abschmecken.

Als Salat: Die Früchte schälen, in Scheiben schneiden und mit Essig, Salz, Pfeffer und Öl anmachen.

Frische Kartoffeln

möglichst nur in der Schale kochen und als Brat- oder Tunkekartoffeln zubereiten, weil sie meistens nur in geringen Mengen zur Verfügung stehen.

Als Ersatz für Kartoffeln gibt es in einzelnen Gegenden Nordafrikas Bataten, die ähnlich wie Kartoffeln zubereitet werden können. Bataten sind entweder zu süßlichen Speisen oder stärker gesalzen auch an Stelle von Kartoffeln zu verwenden (vgl. Seite 74).

Beispiele für Gemüseeintöpfe:

Kohl mit Fleischkonserven und Paprikaschoten

Den Kohl putzen, in kleine Stücke oder Streifen schneiden, in kochendes Wasser geben, mit wenig Salz und Kümmel würzen und garkochen. Das Fleisch und die Paprikaschoten in Dosen etwas zerschneiden und im Kohl erhitzen. Frische Paprikaschoten etwa 30 Minuten mitkochen. Vor- und Zubereitung der Paprikaschoten nach Seite 78.

Gemüsekonserven mit Huhn

Das Huhn nach Seite 26 vorbereiten und sauber abwaschen. Wenn nötig, halbieren, in kochendes Wasser geben und unter Zugabe von wenig Salz, Zwiebeln oder Suppengrün garkochen. Das Fleisch herausnehmen, in der Brühe die Gemüsekonserven erhitzen und, falls erforderlich, mit Mehlschwitze binden.

Schlagwörterverzeichnis

	Seite
Ankauf von Lebensmitteln aus dem Lande	20
Auberginen (melanzani)	74
Backofen aus Benzinfaß	14
Bananen, gebraten	73
Bataten	74
Bohnen, weiße, mit Dauerfleisch	48
Braten am Spieß	17
Bratklopse (vgl. auch Klopse)	35
Bratlingspulver, Verwendung	36
Brotaufstrich	
aus Bratlingspulver	57
„ Fleisch- und Fischkonserven	53
„ Käse	56
Brotbacken mit Backpulver	62
mit Sauerteig	60
Brotsuppe	57
Buchweizengrütze	43
Buchweizenpfannkuchen	52
Dünsten in glühender Asche	18
Eier (Rührei)	46
verlorene	47
Eierfrüchte (melanzani)	74
Erbsen mit Konservenfleisch	48
Erdnußsuppe	75

	Seite
Fenchel (finocchi), als Beilage und zum Eintopf	76
Feuerstellen	13
Finocchi (Fenchel)	76
Fische, Entnahme aus dem Lande	21
Vorbereitung	27
Zubereitung	37
Fleisch, Entnahme aus dem Lande	20
Vorbereitung	24
-gerichte	32
-salat	54
-konserven	35, 36, 40, 48, 53, 54, 55
Frischgemüse, Entnahme aus dem Lande	21
Vorbereitung	28
Zubereitung	73
Fruchttunke	51
Fruchtkaltschale	52
Garmachen auf heißen Steinen	18
Garzeiten, Fleisch	29
andere Lebensmittel	30
Geflügel, Vorbereitung	26
Zubereitung	37
Gemüse, frisch, siehe Frischgemüse	73
Gemüse, getrocknet, Vorbereitung	28
Zubereitung	44
Gemüsekonserven mit Huhn	83
Getränke	58
Gewürze	31
Glühwein	60

Graupen	
Graupen mit Gewürzkurken	42
süße Graupen	43
Tomatengraupen	43
Zwiebelgraupen	43
Grieß	43
Grießbrei	65
Grießflammeri	51
Polenta	43
Grütze	43
Gulasch aus Frischfleisch	34
mit Paprikaschoten	34
„ Gemüse	34
Serbisches Reisfleisch	35
Szegediner Gulasch	34
Gulasch aus Fleischkonserven	35
Hafergrützepfannkuchen	52
Hammelragout	71
Hammel wie Wild	71
Herd aus Benzinfaß	13
Herz	36
Hülsenfrüchte, Vorbereitung	28
Zubereitung	47
Kaffee	59
Kakao	59
Kalte Ente	59
Kaltschalen	52
Kartoffeln, frisch	82

Seite

Kartoffeln, getrocknet
    Bratkartoffeln 45
    Kartoffelbrei 45
    Kartoffeln mit Dauerfleisch und Gewürzgurken 45
    Kartoffelsalat 54
    Tunkenkartoffeln 45
Klopse, aus Frischfleisch 35
    aus Fleischkonserven 36
Kochen in kleinen Gruppen 22
Kochgeräte, behelfsmäßige 15
Kochgeräte aus Benzinfässern 16
Kohl mit Fleischkonserven und Paprikaschoten 82
Konservenfleisch, siehe Fleischkonserven
    Brotaufstrich 53
    Gulasch 35
    Klopse 36
    Salat 54
Kotelett 33
Kuchen aus Reis und Mehl 51
Kühlen der Getränke 58
Kürbis
    als Gemüse 76
    zu Gulasch 77
    Kompott 77
    Ungarisch 77

Lagerraum für Lebensmittel 11
Leber 36
Linsen, süßsauer 49

	Seite
Maisgrieß, Polenta	43
Maisgrießpfannkuchen	52
Maiskolben	
gekocht	77
geröstet	77
Maiskörner als Gemüse	77
Makkaroni, siehe Teigwaren	41
Maße, behelfsmäßige	18
Mehlschwitze	32
Melanzani	
gebraten	75
gefüllt	75
gekocht	74
geröstet	75
Salat	75
Mitnahme von Verpflegungsmitteln	23
Nudeln, siehe Teigwaren	41
Obst, Entnahme aus dem Lande	21
Obstkaltschale	52
Ölsardinen	
gebraten	55
Salat	55
wie Bratheringe	55
Palmkohl	78
Paprikaschoten (peperoni)	
als Gemüse	79
als Salat	79

	Seite
mit Fleischfüllung	78
mit Reisfüllung	79
zu Eintopfgerichten und Gulasch	79
Polenta	43
Pudding	50

Reis

Milchreis	40
Pilaff	39
Reisfrikandellen	39
Reis mit Gemüsen	41
Reisspeise	51
Risotto (zu Fleischgerichten)	38
Risotto mit Tomaten	39
Risotto mit grünen Erbsen	39
Tomatenreis	40
Zwiebelreis	40

Rumpfstück	33
Sauerkohl- und Krautsalat	81
Spaghetti, siehe Teigwaren	41

Süßspeisen

Buchweizenpfannkuchen	52
Grießbrei	65
Grießflammeri	51
Kaltschalen	52
Kuchen aus Reis und Mehl	51
Maisgreißpfannkuchen	52
Reisspeise	51
Vanillepudding	50

	Seite

Schalen- und Krustentiere
    Entnahme aus dem Lande 21
    Vorbereitung 28
    Zubereitung 38
Schlachttiere 20
Schmorbraten 33
Schnitzel 33
Schutz der Feldküche 11
Schutz der Lebensmittel 11
Serbisches Reisfleisch 35
Stengel- oder Blattkohl 79

Tee 59
Teigwaren
    Grundzubereitung 41
    Teigwaren als Beilage 42
    Nudeln mit Frischfleisch 42
    Makkaroni mit Schinken 41
Tomaten
    gefüllt 80
    Gemüse 80
    mit Fleisch 80
    Salat 81

Vorratsraum 11

Wasser 19
    Entkeimung 19
    Filter 20
    Reinigung 20

	Seite
Wehrmachtsuppenkonserven	49
Weißkohl	81
Wild	
Zubereitung	26
Vorbereitung	72
Zucchini	
geschmort	81
Salat	82
Zunge	36
Zwergkürbisse (zucchini)	81

Anlage 1

zu I. Nordafrika

Deutsch-italienisches Wörterverzeichnis für den Koch

In Klammern ist die Aussprecheweise angegeben

Küche	= cucina (kutschina)	Löffel	= cucchiaio (kukkiaio)
kochen	= cucinare (kutschinare)	Schöpfkelle	= cucchiaione (kukkiaione)
Herd	= focolare	Fleisch	= carne (karne)
Feuerhaken	= uncino (untschino), rampone	Fett	= grasso
		Gemüse	= verdura
Kohle	= carbone	Blumenkohl	= cavolfiore (kawolfiore)
Holz	= legno (lenjo)	Kürbis	= zucca (tßukka)
Streichhölzer	= fiammiferi (fiammiferi)	Zwiebeln	= cipolla (tschipolla)
Feuer	= fuoco (fuoko)	Mehl	= farina
Topf	= pentola	Brot	= pane
Pfanne	= padella (padälla)	Obst	= frutta
		Ei	= uovo (uowo)
Messer	= coltello (koltällo)	Huhn	= pollo
		groß	= grande
Gabel	= forca (forka)	klein	= piccolo

Gebräuchliche Redewendungen:

Habt Ihr? = avete?
Wieviel kostet das? = Quanto costa? (kwánto kósta?)
Das ist sehr teuer = c'è molto caro (tschä mólto káro)
Ja = si   Nein = no

Zahlen:

1 = uno
2 = due
3 = tre (tree)
4 = quattro (kwattro)
5 = cinque (tschinkwe)
6 = sei (ßäi)
7 = sette (ßätte)
8 = otto
9 = nove (nowe)

10 = dieci (diätschi)
20 = venti
30 = trenta
40 = quaranta (kwaranta)
50 = cinquanta (tschinkwanta)
100 = cento (tschänto)
1000 = mille

Anlage 2
zu I. Nordafrika

Eßbare Pflanzen und Früchte Nordafrikas

Es bedeuten
it.: italienische, ar.: arabische, äg.: ägyptische
Bezeichnung nach dem W o r t k l a n g geschrieben.

1. Blattkohl

1. **Blattkohl**, it.: kawolo; ar.: krumb, korumb; äg.: kabber, lifsan.
   Bis über 1 m hohe Staude mit derben Kohlblättern. Blüht hellgelb, aber selten. — Angebaut an Orten mit ausreichender Wasserversorgung. — Blätter gutes Gemüse. — Angebaut werden auch:
   K o p f k o h l, it.: kawolo kaputscho; ar. und äg.: kromm, krumm.
   K o h l r a b i, it.: kawolo rapa; ar. und äg.: aburukba.
   B l u m e n k o h l: it.: kawolfiore; ar. und äg.: kharnabiet, kunnebiet.
   W e i ß e R ü b e n : it.: nawone; ar.: left; äg.: lift. Auch Saatrüben genannt.

2. Meersenf 3. Wilder Kohl

2. **Meersenf**, it.: bakkerone, rawastrello; ar. und äg.: rischaad-el-bähr, figl-el-dschimal, fage-ile, härre, dschiradschiere.

15 bis 30 cm hohes, kahles Kraut mit fleischigen Stengeln und Blättern. Blattflächen tief geteilt oder ganzrandig. Blüht rötlich bis hellviolett, selten weiß von Dezember bis März. — Am Strande oder in den Dünen, oft massenhaft. — Alle nicht harten Teile als Salat oder Spinat. Soll verdauungsregulierend wirken. Mittel gegen Skorbut.

3. **Wilder Kohl**, it.: kawolo selwatiko; ar.: hassluss; äg.: figl-el-dschimal.
Auch Turnefortkohl genannt.

Aufrechtes, etwas behaartes Kraut. Blüht weißgelb im März und April. — Häufig im ganzen Küstengebiet. — Ganze Pflanze mit Ausnahme der harten Teile als Gemüse.

4. Rauke   5. Gartenkresse

4. **Rauke**, it.: ruka, rukola, ruketta; ar. und äg.: dschirdschier.
 Auch Saatrauke genannt.
 Bis 60 cm hohes, kahles oder behaartes Kraut. Blüht weißlich oder weißgelb, braunviolett geadert, von Dezember bis April. — Junge Pflanze hat Rettich-Geschmack und ist zu Salat oder Gemüse verwendbar.

5. **Gartenkresse**, it.: nasturzio, agretto, kreschohne inglese; ar. und äg.: habb-er-rischad.
 Bis 60 cm hohes, kahles, bläulichgrünes Kraut. Blüht weiß. — Weit verbreitet angebaut und verwildert. — Frische Pflanze als Gemüse. Schoten erinnern an die vom heimatlichen.
 Hirtentäschel, it.: borsa di pastore, borsakkina.
 Auch Taschenkraut, Bauernschinken, Herzkraut, Gänsekresse, Beuteldieb, Kochlöffel genannt.
 Überall vorkommend. Blätter als Gemüse.

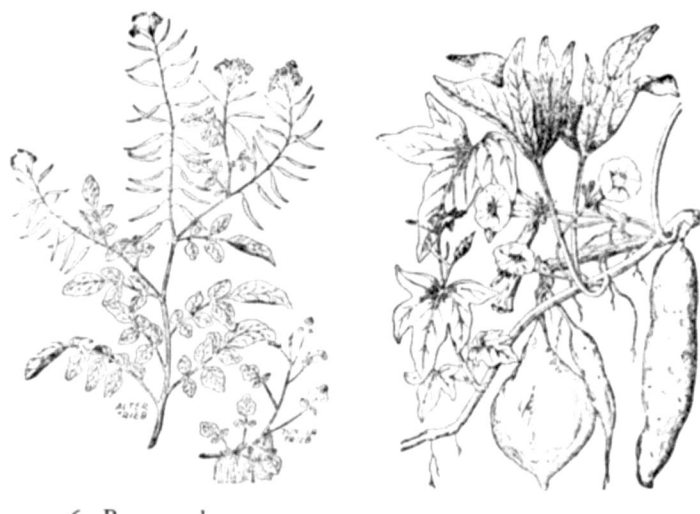

6. Brunnenkresse   7. Batate

6. **Brunnenkresse**, it: kreschohne dakwa, kreschohne di fonte; ar.: karsun ma-i; äg.: korret-el-ce-in.
   Auch Wasserkresse, Bachsalat genannt.

   Viel verzweigtes Kraut mit h o h l e n Stengeln. Blüten weiß mit g e l b e n Staubblättern. — Nur an nassen Orten, Ufern und Quellen. — Die abgekniffenen jungen Triebe als Salat, Beigabe zu anderen Gemüsen und an Stelle von Petersilie.

7. **Batate** (Süßkartoffel), it.: patata doltsche, patata amerikana injame; ar. und äg.: batata-helu.

   Auf der Erde kriechende, auch kletternde Staude mit schönen, trichterförmigen, weißen oder rötlichen Blüten. Blätter vielgestaltig, ungelappt oder gelappt. Wurzeln knollen- oder rübenförmig.

8. Wilder Spinat

9. Sauerampfer

8. **Wilder Spinat**, ar.: suli-ek, hanssab; äg.: dirs-el-egis.
   Bis 50 cm hohes Kraut, äußere Triebe oft niederliegend. Blüht unscheinbar, geknäuelt in den Blattwinkeln im März und April. Früchte hart, dreidornig. — Weitverbreitet, häufig auf Kultur- und Ödland der Küstenzone. — Blätter und die junge, noch nicht fruchtende Pflanze als Gemüse. — Auch
   E c h t e r S p i n a t, it.: spinatscho; ar.: sbanak; äg.: sibanakhes-banak.
   In Oasen angebaut.

9. **Sauerampfer**, it.: atschetohsa, solledschieda, erba bruscha; ar.: hummedha; äg.: hemmaad, hommee-id.
   Auch Säuerling, Sauerrumpen genannt.
   Bis 50 cm hohe Staude. Blüten unscheinbar, Blütenstiele rötlich. — Überall an feuchten Orten. — Blätter, die fast während des ganzen Sommers nach-

10. Strauchmelde   11. Portulak

wachsen, als Gemüse wie Spinat. Wegen des ziemlich sauren Geschmacks möglichst mit anderem Gemüse gemischt, wegen des Oxalsäuregehalts nicht zu oft hintereinander verwenden.

10. **Strauchmelde,** it.: salsolla, portschellana di mare, alimo; ar. und äg.: gettaf, kettèt.

    Bis über 1 m hoher Strauch mit unterseits dicht behaarten Blättern. Blüht unscheinbar von Januar bis März. — Vielfach anzutreffen, oft auf salzigen Böden (Sebchas). — Blätter und junge Triebe als Gemüse.

11. **Portulak,** it.: portschellana, sportellakkia; ar.: bileebssche, briraaga, ridsla; äg.: higl.

    Bis 50 cm hohes fleischblättriges Kraut mit niederliegenden, oft rötlichen, saftigen Stengeln. Blüht gelb im März und April. — An vielen Orten wild; auch

12. Eierfrucht

angebaut besonders in einer breitblättrigen Art (it.: portschellana kon folje largi). — Ganze Pflanze als Salat, Gemüse, Suppenbeigabe. — Wenn nur die kräftigsten Triebe abgenommen werden, wächst die Pflanze bald wieder nach.

12. **Eierfrucht**, aubergine (gespr.: oberdschien), it.: melanzana, frutta del uowo; ar.: Badinschal, betenschal; äg.: beidingan.

Kräftige, etwas dornige Staude, Zweige meist dunkelpurpurn, filzig behaart mit sternförmigen Haaren. Blätter ebenfalls filzig behaart, bis 18 cm lang und 10 cm breit. Blüht violettpurpurn im März und April. Frucht dunkelpurpurn, selten weiß. — Oft in Oasen angebaut. — Früchte als Gemüse. Zubereitung siehe Seite 74.

13. Gemüsepaprika   14. Zwergkürbis

13. **Gemüsepaprika,** it.: peperone; ar. und äg.: felfel-el-ahmar, felfel-el-rumi, kitta.

    Verzweigte kräftige Kräuter. Blüht grünlichweiß.
    — Bei günstigen Wasserverhältnissen oft angebaut.
    — Die anfangs grünen, später roten, tomatenähnlichen Früchte, von den beißend schmeckenden Samen restlos befreit, als ausgezeichnetes Gemüse. Kleine schmale und spitze Früchte meistens beißend scharf als Gewürz. Zubereitung siehe Seite 78.

14. **Zwergkürbis,** it.: zukkini; ar.: dazehna, busenca, greha; äg.: khar-ha-kuhssa, kuhssa, khar-ha-stambuli.

    Unterscheidet sich vom kultivierten Kürbis durch tiefgelappte Blätter, hartspitzige Borsten und fünfkantigen Fruchtstiel. Wird überall angebaut wie:
    K ü r b i s , it.: zukka, kokuzza, ar. und äg.: kharhaa, khar-ha-atssfar,

15. Erdnuß

G u r k e , it.: tschetriuolo; ar.: kiaar, fogguhs; äg.: kiaar-frengi, und andere Arten.

15. **Erdnuß**, it.: arakiede, tschetsche di terra, notsche americane; ar.: kaka-uja; äg.: fuhl-ssuddaani.
Bis 50 cm hohes, wickenartiges, aber rankenloses Kraut. Blätter lebhaft grün, stets mit 4 paarweise stehenden Blättchen. Zweige je nach Sorte aufrecht oder niederliegend. Blüten klein, gelb; die unteren bohren sich nach der Blüte in die Erde, wo sich die Erdnüsse entwickeln. Wird angebaut. Die äußerst nahrhaften Samen enthalten zu etwa 80 % Fett, Eiweiß, Zucker und Stärke und werden nach dem Trocknen roh, gekocht oder schwach geröstet gegessen, wozu die ganze Frucht in heiße Asche gelegt wird. Auch die

E r d m a n d e l , it.: babbaschidschi, doltschikieni; ar. und äg.: hab-el-assies,

16. Feigenkaktus

bildet unter der Erde bis 1 cm lange, ölreiche und roh eßbare Knöllchen. Grasartige Pflanze, oft in Oasen angebaut.

16. **Feigenkaktus**, it.: fiko d'india; ar.: hindi; äg.: tssubbeer, tssabbaar, die Frucht tien-schook.
Bis 4 m hohe und dann zuweilen baumförmige, mit hellgelben Stachelpolstern besetzte oder in manchen Sorten auch stachellose Kakteen mit flachen, dickfleischigen, scheibenförmigen Gliedern, an deren Rändern die gelben Blüten sitzen.

Oft als „lebende Zäune" anzutreffen. Früchte feigenförmig, höckerig, rotbäckig. Um eine Verletzung durch die Stacheln zu vermeiden, schälen oder lang aufgeschnitten aus der Schale heraus essen. Daneben gibt es eine weniger geschätzte Art mit bernsteingelben Stacheln und Stachelpolstern mit dunkelpurpurroten, süßlichen Früchten.